現場で使える
介護記録便利帖 ＜書き方・文例集＞

浅岡雅子
masako asaoka

翔泳社ecoProjectのご案内

株式会社 翔泳社では地球にやさしい本づくりを目指します。
制作工程において以下の基準を定め，このうち4項目以上を満たしたものをエコロジー製品と位置づけ，シンボルマークをつけています。

資 材	基 準	期待される効果	本書採用
装丁用紙	無塩素漂白パルプ使用紙 あるいは 再生循環資源を利用した紙	有毒な有機塩素化合物発生の軽減（無塩素漂白パルプ） 資源の再生循環促進（再生循環資源紙）	○
本文用紙	材料の一部に無塩素漂白パルプ あるいは 古紙を利用	有毒な有機塩素化合物発生の軽減（無塩素漂白パルプ） ごみ減量・資源の有効活用（再生紙）	○
製版	CTP（フィルムを介さずデータから直接プレートを作製する方法）	枯渇資源（原油）の保護，産業廃棄物排出量の減少	○
印刷インキ*	植物油を含んだインキ	枯渇資源（原油）の保護，生産可能な農業資源の有効利用	○
製本メルト	難細裂化ホットメルト	細裂化しないために再生紙生産時に不純物としての回収が容易	○
装丁加工	植物性樹脂フィルムを使用した加工 あるいは フィルム無使用加工	枯渇資源（原油）の保護，生産可能な農業資源の有効利用	

* パール，メタリック，蛍光インキを除く

本書内容に関するお問い合わせについて

■ 本書に関するお問い合わせ，正誤表については，下記のWebサイトをご参照ください。

　　お問い合わせ　　http://www.shoeisha.co.jp/book/qa
　　正誤表　　　　　http://www.shoeisha.co.jp/book/errata

■ インターネットをご利用でない場合は，FAXまたは郵便で，下記にお問い合わせください。

　〒160-0006　東京都新宿区舟町5　（株）翔泳社 愛読者サービスセンター
　FAX番号：03-5362-3818

電話でのご質問は，お受けしておりません。

●免責事項
※本書の記載内容は、2014年7月現在の法令等に基づいています。
※本書の出版にあたっては正確な記述に努めましたが、著書および出版社のいずれも、本書の内容に対してなんらかの保証をするものではありません。
※本書に記載されたURL等は予告なく変更される場合があります。

※本書に記載されている会社名、製品名はそれぞれ各社の商標および登録商標です。
※本書では™、®、©は割愛させていただいております。

はじめに

　もし言語がなかったら、私たちは自分の気持ちや考えを形あるものにしたり行動を客観視したりすることができず、何かを感じたり考えたりしても、ぼんやりとした感覚がただ胸のなかを通りすぎるだけになるでしょう。これは介護という活動でも同じで、言語を用いて「介護記録」を作成しなければ、スタッフがどう介護し、利用者がどんな喜怒哀楽を見せ、どんな困難や満足を感じたのかが、情報として残らずに蒸散してしまいます。また、介護担当者の経験値が上がって介護の質が向上しても、個人に宿るノウハウやスキルの共有・継承がむずかしくなります。

　多忙な介護現場のなかで介護記録を書くことは、スタッフのみなさんの負担になっているかもしれません。しかし、安全・安心で質の高い介護を実現するには、的確・適切な記録を日々作成することがどうしても必要なのです。ですが、記録の作業が実際の介護作業を圧迫しては本末転倒。負担を減らすには、記録がなぜ必要なのかを自分自身で納得し、合理的な記録の書き方を習得し、慣れることで観察や記録の時間を短縮する以外にありません。そのために、この本を活用してください。

　わたくしごとですが、私の高齢の叔母が、一人暮らしに不自由を感じ始めたために６年ほど前からわが家に同居し、２年前からデイサービスやショートステイを利用するようになりました。私は、これまでにも介護現場や高齢者医療の取材をいろいろ行なってきましたが、私自身が当事者となって折に触れてスタッフのみなさんと接するなかで初めて見えてくることがたくさんありました。そんなときに、偶然、この本の話がもち上がったのですが、そうした経験を踏まえることで介護される人・介護する人の気持ちに寄り添う内容にできたのではないかと思います。

　この本を書くにあたって現場からの貴重なアドバイスをくださった、ケアマネジャーの寺田清香さんと特別養護老人ホーム・みどりの風の奈佐宗男さんに、この場をお借りして心からお礼申し上げます。

2014年7月

浅岡雅子

本書の使い方

本書の構成

　本書は、介護記録の全体像を把握しながら、特に重要と思われる記録を中心に、書き方と観察のポイントを5つのPartに分けて説明しています。
　Part 1からPart 5に進むにつれて情報が整理されて、スムーズに介護記録を書くことができるようになります。

Part 1とPart 2　介護記録の全体像を知ろう！

　現場で必要な介護記録全般について理解できるよう、介護サービスが開始されるまでの流れから紹介し、記録の種類や一般的な書式など介護記録の全体像を説明しています。
　また、Part 2で紹介している生活記録表を合体させた「統合型ケース記録（デイサービス用）」のデータは、ダウンロードしてご利用いただけます。ダウンロードの方法は右ページで説明しています。

Part 3～Part 5　実践的な内容を学ぼう！

　現場で実際に介護記録を書く際に必要な詳細をまとめてあります。
　Part 3では、介護記録を書くときに重要となる利用者の状態を観察する着眼点とその記入例を解説。
　Part 4とPart 5では、Part 3の着眼点を踏まえて、適切な記録を書くポイントを「悪い例」と「改善例」を紹介しながら具体的に解説しています。

巻末資料　業務の中で必要に応じて参照・活用！

　身体各部の名称や姿勢の解説図を示し、介護関係の専門用語を概説しています。
　また、介護記録の作成に関係する法規や基準を記載しています。実際の業務の中で長く参照・活用できる内容です。

「統合型ケース記録（デイサービス用）」のダウンロード方法

062～063ページで紹介している「統合型ケース記録」は、下記の流れでダウンロードできます。

❶ インターネットブラウザから下記のURLにアクセスしてください。
http://www.shoeisha.co.jp/book/download/9784798136882

❷ 「サンプルダウンロード」のページに移動しますので、「介護現場で使える介護記録便利帖〈書き方・文例集〉」という書名の下にある「統合型ケース記録（デイサービス用）」というリンクをクリックしてください。

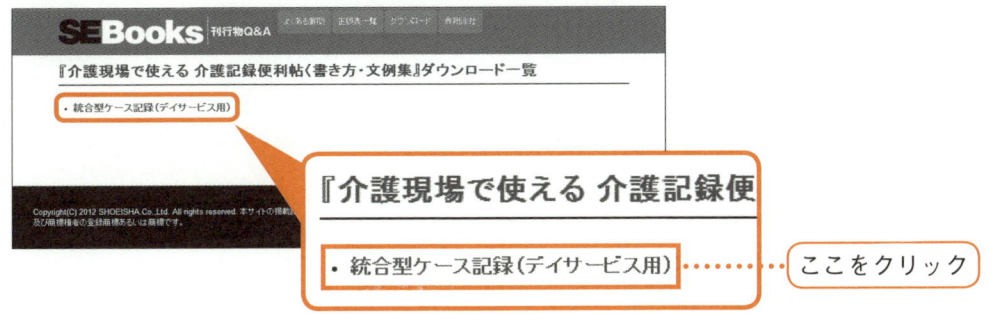

❸ （Windows7以降）［ダウンロード］フォルダにファイルがダウンロードされます。
（Windows7より前）「ファイルのダウンロード」というダイアログが表示されるので、［保存］ボタンをクリックすると、［名前を付けて保存］ダイアログが表示されます。お好きな場所に保存してください。

❹ （Windows7以降）❸でダウンロードした「se_kaigokiroku.zip」という圧縮ファイルを右クリックしてコンテキストメニューの［すべて展開］をクリックし、表示されるダイアログの［展開］ボタンをクリックします。
（Windows7より前）ダウンロードしたファイルをダブルクリックします。

❺ ファイルが解凍され、シートをご利用いただけます。

> ファイルにはWord形式のシートとPDF形式のシートがあります。Word形式は入力用、もしくはカスタマイズ用として、PDF形式は手書きでの書き込み用など、必要に応じて出力し、ご利用ください。

はじめに ……………………………………………………………… 003
本書の使い方 ………………………………………………………… 004

Part 1
介護記録って何？
―― 介護記録の種類と目的 ――

介護記録の作成より前の流れを知っておこう ……………………… 012
介護サービス提供に向けた準備は「ケアプラン」の作成から …… 014
広義と狭義の「介護記録」について知っておこう ………………… 016
介護記録は何のために書くの？① …………………………………… 018
　――利用者のQOL向上のために
介護記録は何のために書くの？② …………………………………… 020
　――利用者を案じている家族のために
介護記録は何のために書くの？③ …………………………………… 022
　――サービスの「証明」と「検証」のために
介護記録は何のために書くの？④ …………………………………… 024
　――介護スタッフの「情報共有」のために
介護記録は何のために書くの？⑤ …………………………………… 026
　――コンプライアンスに基づいた「社会への発信」のために
介護サービス向上の大きなサイクル① ……………………………… 028
　――起点は「アセスメント（表）」
介護サービス向上の大きなサイクル② ……………………………… 030
　――アセスメントからモニタリングへ
介護サービス向上の大きなサイクル③ ……………………………… 032
　――サイクルが回り始める
「介護記録」にはリスクマネジメント効果がある ………………… 034

Part 1のまとめ ……………………………………………………… 036

Part 2

 どんな用紙に何を書くの？
—— 介護記録類の一般書式と記入例 ——

「ケアプラン」（介護サービス計画書）① ······ 038
　——居宅／施設サービス計画書の第1表

「ケアプラン」（介護サービス計画書）② ······ 040
　——居宅／施設サービス計画書の第2表

「介護計画書」 ······ 042
　——介護サービスの設計図

ケアプランと連動する文書① ······ 044
　——課題を洗い出す「アセスメント表」

ケアプランと連動する文書② ······ 046
　——介護内容を評価する「モニタリング表」

「フェイスシート」 ······ 048
　——利用者の基本情報台帳

介護スタッフが書く「介護記録」① ······ 050
　——訪問介護の内容を記録する「サービス提供記録」

介護スタッフが書く「介護記録」② ······ 052
　——利用者の健康状態を記入する「生活記録表」

介護スタッフが書く「介護記録」③ ······ 054
　——普段と違う様子を記録する「ケース記録」

「事故／ヒヤリハット報告書」 ······ 056
　——検証と予防が目的の報告書

「業務日誌」 ······ 058
　——組織管理の視点で書く業務記録

「統合型ケース記録」 ······ 060
　——「生活記録表」と「ケース記録」を合体させて使いやすくしませんか？

Part 2のまとめ ······ 064

007

Part 3

 どんなことを書いたらいいの？
—— よりよい記録を書くための観察の「着眼点」 ——

食事シーンの着眼点・・・・・・・・・066
　——利用者の心理と身体機能に着目する

排泄シーンの着眼点・・・・・・・・・068
　——観察時には利用者のプライドにも配慮する

入浴シーンの着眼点・・・・・・・・・070
　——見守りつつ全身の状態をチェックする

更衣シーンの着眼点・・・・・・・・・072
　——機能低下の兆候に注意する

室内の歩行・移動シーンの着眼点・・・074
　——1人ひとりの状況を見極める

認知症ケアシーンの着眼点・・・・・・076
　——言動の裏にある気持ちを察する

生活援助シーンの着眼点・・・・・・・078
　——援助内容の適切性を判断する

送迎シーンの着眼点・・・・・・・・・080
　——利用者と家族とのやりとりを観察する

レクリエーションシーンの着眼点・・・082
　——元気になる工夫をする

慢性疾患のある利用者のケアシーンの着眼点・・・084
　——事前の情報収集が肝心

夜間見守りシーンの着眼点・・・・・・086
　——申送り事項に留意して観察する

ヒヤリハットシーンの着眼点・・・・・088
　——原因追究が事故予防の要(かなめ)

事故シーンの着眼点 ……………………………………………………… 090
　——事故の状況・原因・責任の所在を明らかに

> Part 3のまとめ …………………………………………………………… 092

Part 4

 介護記録はどのように書いたらいいの？
　　　—— 着眼ポイントを踏まえた注意点 ——

「利用者の様子」「介護スタッフの行動」「介護スタッフのコメント」を
区別して書く ………………………………………………………………… 094
「介護計画書」の内容を踏まえ、サービスの改善・向上を視野に入れて書く … 096
関係者による情報共有と継ぎ目のないサービスを意識して書く ………… 098
情報に過不足がないように「5W1H」を意識して書く ………………… 100
客観的な事実と介護スタッフの見解・意見を分けて書く ……………… 102
介護内容をもらさず省かずに書く ………………………………………… 104
時間的な順序や論理的な順序に従って書く ……………………………… 106
利用者・家族（保護者）・関係者に配慮して書く ……………………… 108
公的機関のチェックを受けることを意識して書く ……………………… 110
「事故／ヒヤリハット報告書」では「原因」「予防策」も示す ………… 112

> Part 4のまとめ …………………………………………………………… 114

Part 5

文章はどのように書いたらいいの？
— 用語・表記・表現に関する8つのポイント —

- 数字・単位記号・かっこの使い方を統一する ……………………………… 116
- 専門用語や略語を必要以上に使わない ……………………………………… 118
- わかりにくいカタカナ語や指示語を使わない ……………………………… 120
- 語調（文体）を統一し適切なレベルの敬意表現を使う …………………… 122
- 文（センテンス）の基本構造を意識して書く ……………………………… 124
- 読点を文（センテンス）のなかの適切な位置に打つ ……………………… 126
- 「は」「が」「を」「に」「と」などの助詞を適切に使う ……………………… 128
- 情緒的な形容詞・副詞や感動詞を使用しない ……………………………… 130

Part 5のまとめ …………………………………………………………………… 132

巻末資料

介護記録を書くために必要な基礎知識
— 身体各部の名称・体肢位、介護関係の専門用語、介護関連法規 —

- 身体各部の名称 ………………………………………………………………… 134
- 姿勢（体位・肢位）の呼称 …………………………………………………… 136
- 介護に関係する専門用語 ……………………………………………………… 138
- 介護および介護記録に関連する法律・省令・ガイドライン ……………… 157

Part 1

介護記録って何？
―― 介護記録の種類と目的 ――

****

Part 1 の最大の目的は、新人介護スタッフのみなさんに、介護サービス利用者がどういう流れを経て自分の前に来ているのかを理解し、その背景にある介護記録の全体像を把握していただくことです。全体が見えて初めて、自分の書いている記録が何のためにあるのかがわかるからです。そのためには、たくさんある記録や書類がいったい何のためのどういう文書なのか、自分が書くべき文書は何なのか、そういうことを自分の頭のなかで整理する必要があります。介護サービスが開始されるまでの流れと、各場面で必要な記録の種類と記録すべき事項を把握してから、Part 2「どんな用紙に何を書くの？」、Part 3「どんなことを書いたらいいの？」、Part 4・5「どのように書いたらいいの？」に進めば、情報が整理されて、スムーズに記録を書くことができるようになります。

介護記録の作成より
前の流れを知っておこう

介護記録の話の前に、介護サービスが始まるまでの流れについて把握しておきましょう。介護スタッフの仕事は、それを前提として成り立っているからです。

介護サービス開始までの流れ

　介護記録の種類を説明する前に、介護保険の適用対象となるサービス（以下、介護サービス）を受けるための簡単な流れを見ておきましょう。

● **介護サービスの利用は要介護認定の申請から**

　介護を必要とする人が介護サービスを利用するためには、最初に市区町村の窓口で要介護認定（要支援認定も含む）の申請をしなければなりません。申請が受理されると、次は市区町村の職員などによる認定調査（聞きとり調査）があり、その結果と主治医の意見書に基づいて審査が行われます。

● **「要支援・要介護度の判定」**

　一連の審査が終了すると、申請の結果である「要支援・要介護度の判定（非該当の場合もある）」が下り、判定結果が利用者に通知されます。判定される要支援・要介護度は、必要となるケアの軽いほうから順に、要支援1、2、要介護1、2、3、4、5の7段階に分けられており、そのランクが介護サービス利用の基準となります。

　そして、そのランクによって利用できる介護サービスの量、つまり利用できる介護保険の限度額が決まります。この限度額とは、介護サービスにかかった費用を介護保険から補填できる最大額（利用者負担は原則1割。一定以上の所得がある利用者については、平成27年8月より2割負担となる）のことです。ただ、限度額を超えるサービスが利用できないわけではなく、希望があれば全額自費でその分の介護サービスを利用することも可能です。

　なお、介護サービスは、気が向いたときに自由に利用できるというものではなく、あらかじめ、どのサービスをどれだけ利用するのかを決めておく必要があります。

要支援・要介護度の判定基準

要支援1	日常生活動作(食事、排泄、入浴、更衣など)はほぼ自分でできるが、応用的な(手段的な)日常生活動作(家事、買物、服薬、金銭管理、車の運転など)には何らかの支援が必要	
要支援2	要支援1より日常生活動作の能力がやや低下している状態	
要介護1	要支援状態より手段的な日常生活動作の能力がさらに低下し、身の回りの世話や移動に何らかの介助が必要だったり、少し問題行動や理解の低下が見られたりする状態	
要介護2	要介護1より日常生活動作の能力が低下し、食事や排泄にも何らかの介助が必要な状態	
要介護3	日常生活動作と手段的な日常生活動作の両面で能力が著しく低下し、ほぼ全面的な介護を要する状態	
要介護4	要介護3よりさらに動作能力が低下し、介護なしに日常生活を営むことが困難な状態	
要介護5	要介護4よりさらに動作能力が低下し、問題行動や全般的な理解低下も見られるために、介護なしに日常生活を送ることが不可能な状態	

対象者の状況と上記の判定基準を照合 → ランク判定 → 計画的な介護サービスの開始

介護サービス提供に向けた準備は「ケアプラン」の作成から

いよいよ介護サービス提供に向けた準備が始まります。介護サービスが開始されれば、介護記録も動き出します。

介護記録の第一歩は「ケアプラン（介護サービス計画書）」の作成

　介護サービスを利用するには、最初にケアプランを作成しなければなりません。「ケアプラン」はサービス利用者がどのような介護サービスをいつ・どれだけ利用するかを決めるもので、基本的にケアマネジャー（介護支援専門員）が作成を担当します。

　原則として、要支援1、2のケアプランは市区町村の地域包括支援センターのケアマネジャーが作成し、要介護1〜5のうち、居宅介護サービスを受ける場合は居宅介護支援事業所のケアマネジャーが作成し、施設に入所する場合は施設のケアマネジャーが作成することになっています。

介護サービスの種類

　介護サービスの種類は次の4つに大きく分けられます。❶❷❸は自宅で生活しながらサービスを受ける居宅介護、❹は施設に入所してサービスを受ける施設介護です。

❶訪問介護（ホームヘルプサービス）…ホームヘルパーが利用者の住まいに出向いて介護サービス（身体介護と生活援助）を提供するもの。

❷通所介護（デイサービス）…日帰りで施設に行って介護サービスを受けるもの。「介護予防通所介護」や「通所リハビリテーション」を行う施設もある。

❸短期入所生活介護（ショートステイ）…自宅で介護を受けている人が、一時的に特別養護老人ホームなどに短期間入所して介護サービスを受けるもの。

❹施設入所介護（施設サービス）…常時介護が必要で家庭での生活が困難な人が、介護を目的とした施設に入所して日常生活の世話や介護などのサービスを受けるもの。

介護サービスの種類

❶ 訪問介護（ホームヘルプサービス）

【身体介護】
食事、入浴、排泄などの介助

【生活援助】
掃除、洗濯、買物など

❷ 通所介護（デイサービス）

❸ 短期入所生活介護（ショートステイ）

❹ 施設入所介護（施設サービス）

広義と狭義の「介護記録」について知っておこう

まず主な記録類をすべて並べ、頭のなかで整理しておきましょう。全体がわかれば、自分が書く介護記録の姿が見えてきます。

介護記録の理解は全体をながめるところから

　ここから本題の介護記録の話をします。介護サービスがスタートするまでには、「ケアプラン（介護サービス計画書）」のほかにも、要介護認定の申請書類や介護サービスを受ける事業所との契約書など、事務手続き上の書類がいろいろ登場しますが、それらの文書は介護記録とは別のものなので、説明は省略します。

　さて、介護記録の全体像をわかりやすくするために、介護記録の中身を整理しておきましょう。ここでは、介護サービス利用者に関して記録しておくべき文書全般を「広義の介護記録」と呼ぶことにします（右ページの表を参照）。

一般に言う「介護記録」とは狭義の介護記録のこと

　広義の介護記録のなかには、現場のスタッフが利用者の日々の様子や利用者に対して行われる日常的な介護サービス（ケア行為）について記録する文書（「サービス提供記録」、「生活記録表」、「ケース記録」）が含まれています。これを「狭義の介護記録」と呼ぶことにします。一般に「介護記録」と言えばこれらの文書を指し、新人介護スタッフのみなさんが働き出した当日から書かなければならないのが、この「狭義の介護記録」です（これ以降で「介護記録」と言った場合は主としてこちらを指します）。「狭義の介護記録」については、Part２の介護スタッフが書く「介護記録」①〜③（50〜55ページ）で詳しく説明します。なお、本書のPart３に出てくる"観察の着眼ポイント"は、主に狭義の介護記録を書く場合に、場面場面でどのようなことに気をつけたらよいかということを記述したものです。範囲を広げすぎると内容が煩雑になってしまうので、本書では介護予防サービスに関する記録は省くことにします。

主な介護記録（広義の介護記録） ※「狭義の介護記録」は 灰色部分

記録の名称には事業所・施設によって異なるものもありますが、内容はほぼ共通しています。

作成・記録者 \ サービスの種類	訪問介護（ホームヘルプサービス）	通所介護（デイサービス）	短期入所生活介護（ショートステイ）	施設入所介護（施設サービス）
居宅介護支援事業所・入所施設のケアマネジャー	「ケアプラン」（居宅介護サービス計画書）			「ケアプラン」（施設介護サービス計画書）
	「アセスメント表」※「ケアプラン」の作成・更新に際して作成する			
	「モニタリング表」※定期的に作成し、結果によっては「ケアプラン」を見直す			
	「フェイスシート」※新規利用の際に作成し、その後、状況に応じて随時更新する			
サービス提供事業所・施設の担当責任者	「訪問介護計画書」	「通所介護計画書」	「短期入所生活介護計画書」※連続4日以上の利用に対して作成	「施設介護計画書」
	「アセスメント表」※「介護計画書」の作成・更新に際して作成する			
	「モニタリング表」※定期的に作成し、結果によっては「介護計画書」を見直す			
	「フェイスシート」※新規利用の際はケアマネジャーが作成した「フェイスシート」をベースに作成し、その後、状況に応じて随時更新する			
介護スタッフ	「サービス提供記録」	「生活記録表」（体温、血圧、脈拍、食事、排泄、水分補給などの記録）		
		「ケース記録」		
	「事故／ヒヤリハット報告書」（介護サービス改善の視点と組織管理の視点で書く文書）※介護スタッフ以外の職員が事故やヒヤリハットを発見・対処した場合は、その職員が作成する			
	「業務日誌」（組織管理の視点で書く文書）			

介護サービスのケアプランには、最初にケアマネジャーによって作成される包括的なケアプランと、各サービスを提供する事業所・施設が作成する具体的なケアプランがありますが、両者を混同しないように、一般的に前者を「ケアプラン」、後者を「介護計画書」（「訪問介護計画書」、「通所介護計画書」など）」と呼んでいます。

介護記録は
何のために書くの？①
—— 利用者のQOL向上のために

介護記録を書くにあたっては、書く目的を理解しておく必要があります。第1の目的は「利用者のQOL向上」！

QOL（生活の質）の向上は介護記録から

　厚生労働省は、介護サービスの理念として「高齢者の自立支援」とともに「利用者本位」ということを強く打ち出しています。介護における利用者本位とは、利用者の考えや行動を介護の基本にするということです。

　そして、これを実現するためには、利用者が何を考え、何を感じ、どう行動したか、さらに、なぜそういう行動をしたか、などを明確に知ることが必要になります。そうしたことを知るための貴重な情報ソースが、まさに「介護記録」なのです。「介護記録」がなければ、うまく言葉で言い表せない利用者の気持ちを行動から推測することは困難になるでしょう。記録するという主体的な意思があれば、観察したり推測したりするモチベーションも上がります。

サービス向上の小さなサイクル

　介護スタッフは、日々接する利用者の生活状況や介護サービスの効果をていねいに記録することで、利用者の身に起こったことを実感します。介護記録を書くことで、書かなければ見過していたかもしれない事柄を頭と体がしっかり覚えてくれるのです。すると、日々のコミュニケーションのとり方やサービスの提供の仕方をよりよいものにしようという意欲が湧き、それによって介護が改善されていきます。利用者の満足度が上がれば、それをまた体感してサービス向上のよいサイクル（循環）が起こるはずです。このPartの後半部では「介護サービス向上の大きなサイクル」について記述していますが、その大きなサイクルに対して、この「QOLの向上」は日々の「サービス向上の小さなサイクル」と言ってよいでしょう。

介護向上の「小さなサイクル」

介護の現場

実際に介護サービスを提供する

コミュニケーションのとり方やサービス向上に意欲が湧く

サービス利用者の状況を観察する

利用者の身に起こったことや感情を実感する

サービス実施状況と観察内容に基づいて介護記録を書く

介護記録は何のために書くの？②
―― 利用者を案じている家族のために

介護記録は、利用者の様子をきちんと知りたい、という家族なら当然もっている気持ちに応えるためのものでもあります。

家族は利用者のことを常に気にかけている

「利用者本位」の利用者の枠を少し広げて「利用者サイド」と考えたとき、そこには家族（保護者）の存在があります。現場の介護を書き記した「介護記録」は、この家族に利用者の生活状況や介護サービスの内容を知らせるためのものでもあります。

家族は利用者が介護されているときの様子を気にかけているのです。デイサービスやショートステイでどのように過ごしているのか、ほかの利用者と仲良くしているだろうか、体調はどうだったかなど、離れている間の利用者のありのままの様子を知りたいと思っています。家族が一人暮らしの利用者と離れて暮らしているような場合はなおさらです。介護記録は、そのような問いや疑問に詳しく答えるためのものでもあるのです。

介護記録は要請があれば家族に見せる義務がある

「介護記録」は家族の疑問に答えるものと言ったばかりですが、通常は「介護記録」をそのまま家族に見せることはありません。一般的に、介護の現場と利用者家族は連絡帳のようなものでコミュニケーションをとっているのが普通ですが、「介護記録」はその連絡帳の情報源としての役割も果たします。

実際に利用者家族が介護記録を読む機会は少ないかもしれませんが、家族から情報開示を求められた場合は、それぞれの事業所や施設は「介護記録」を家族に見せる義務があり、近年は開示請求が増えてきています。ですから、現場の介護スタッフは、利用者の様子やサービスの内容を利用者家族に知らせる気持ちをもちながら「介護記録」を書く必要があります。

介護記録と家族の関係

「介護記録」は、利用者が介護をどのように受けているかを案じる利用者家族のために書かれるものでもあります。家族に開示するときのことも頭に入れて、誠意をもって書きましょう。

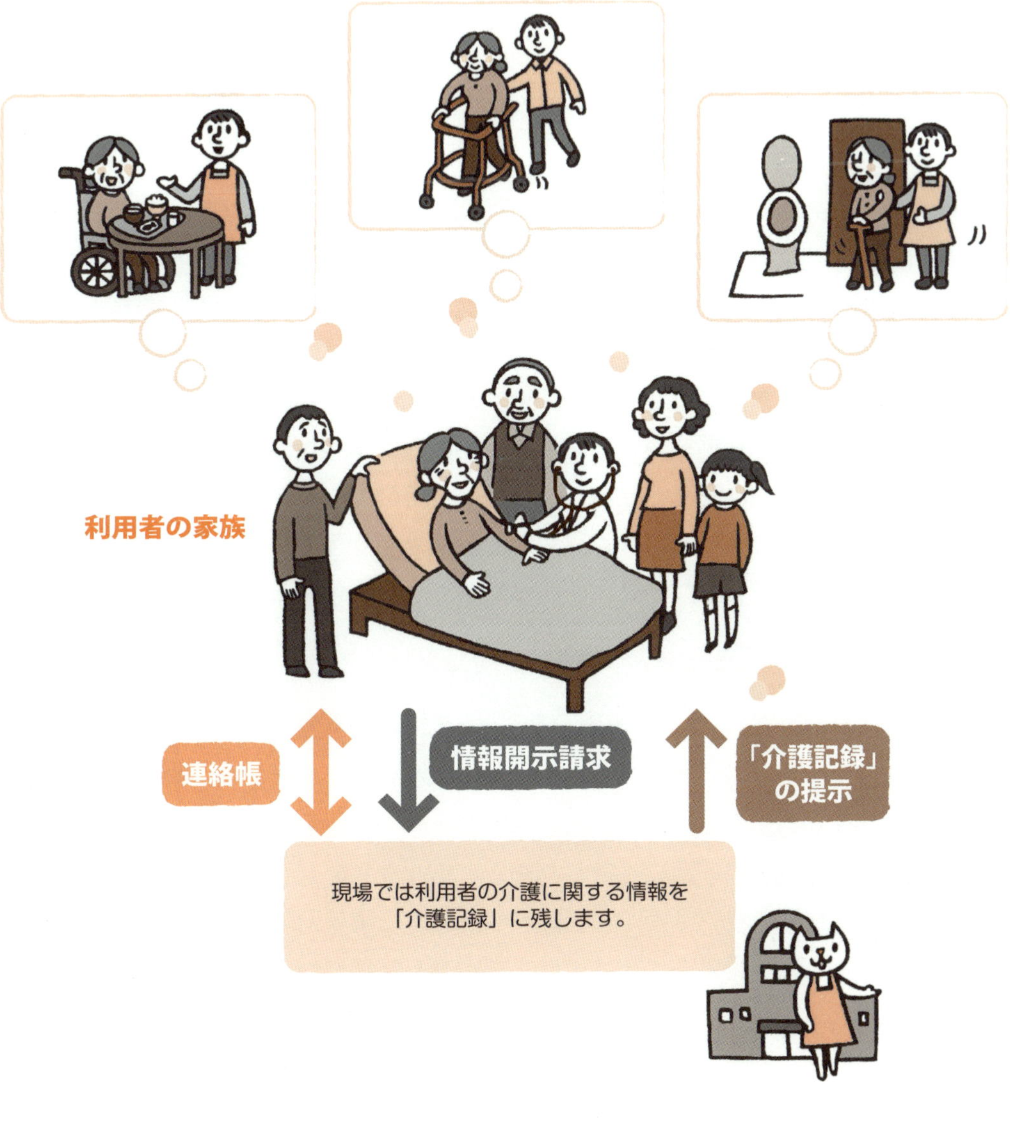

利用者の家族

連絡帳 ⇅　情報開示請求 ↓　「介護記録」の提示 ↑

現場では利用者の介護に関する情報を「介護記録」に残します。

介護記録は何のために書くの？③
——サービスの「証明」と「検証」のために

介護サービスは、利用者との契約に基づいて提供されるもの。「介護記録」は契約履行の証明と中身の検証に役立ちます。

確かに介護が行われたという「証明」

　介護サービスの利用は、利用者とサービスを提供する事業者との間の契約（介護サービス利用契約）によって成り立っています。契約ですから、その介護が遂行されたことの証明が必要になります。つまり、介護記録は介護サービスを提供した証となるもので、記録を残すことは契約の義務でもあるのです。特に「狭義の介護記録」は、介護サービス実施の証拠書類であり、サービスが実施されたことを保証し、そのサービスが誰によってどのように行われたかの責任の所在を明らかにするものです。

　また、サービス実施の証拠とするためには、介護のプロセスや利用者の経過を細かく客観的に記録し、介護サービスの見えにくい部分や介護によって利用者がどのように変化したかなどを第三者から見えるようにする（可視化する）必要があります。

介護の中身が適切だったかどうかの「検証」

　正確に客観的に書かれた「介護記録」は、提供された介護サービスが適切だったかどうかを検証するためのものでもあります。適切な介護とは利用者が喜んでくれる介護でしょうか？　もちろん、それがよい介護の一面を表しているとは思いますが、それだけで適切な介護が過不足なく行われたかどうかを判断することはできません。

　契約に則って提供される「適切な介護」の意味は、事業所が作成した「介護計画書（具体的なケアプラン）」に沿ったサービスが行われたかどうかということです。ケアプランの目標を達成するためにどのような介護がなされ、その結果、利用者がどう反応し、変化したのか——。

　そうしたプロセスを検証するためにも、介護記録は必要なのです。

介護サービス利用契約における介護記録の「証明」と「検証」の意味

介護サービスは、利用者とサービス提供事業者との契約の上に成り立っています。介護記録は、介護の実践を「証明」し、介護の内容を「検証」するためのものでもあるのです。

介護の実践の有無の「証明」

サービスが確かに提供されたことを「証明」する

介護記録 ＝ サービス提供明細書

介護の中身の質の「検証」

「介護計画書」に沿ったサービスがきちんと行われたかどうかを「検証」する

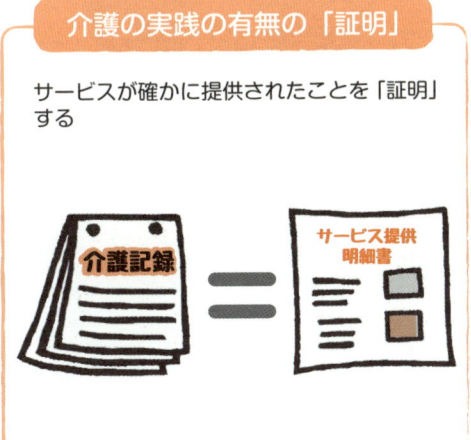

介護記録

証明・検証のため、介護のプロセスや利用者の経過を客観的にできるだけ詳しく書く

介護記録は何のために書くの？④
――介護スタッフの「情報共有」のために

1人のサービス利用者の介護には多くの人がかかわっており、その人たちがチームとなるには情報の共有が必要です。

介護に求められる統一性と連続性

　介護記録の重要な目的の1つに、介護サービスを提供するケアスタッフどうしの「情報共有」があります。介護は介護スタッフや看護師などで行うチームワーク。チームが一丸となって1人の利用者を介護するわけです。

　スタッフが入れ替わるごとに利用者への対応が違っていては、質のよい介護はできません。チームワークによって質のよい介護を行うには、スタッフの間に1人ひとりの利用者に対する共通の理解がなければならず、誰が行なっても同じような質になるには、介護の統一性・連続性がなければなりません。

情報共有は介護向上の基盤

　自分が担当していないときの利用者の体調や介護の様子は、ほかのスタッフが書いた「介護記録」から知ることができます。新人介護スタッフのみなさんは特に、「介護記録」を読むことで初めて個々の利用者にどう対応するのが最善かということが見えてきます。そして、そうした学びを繰り返すことで、「介護計画書」に沿った体系的なサービスが提供できるようになるのです。

　情報の共有は、介護の質を向上させる基盤になると言ってよいでしょう。

情報を共有

デイサービス利用者をケアする主なチームメンバー

ここではデイサービスを例にとって、利用者をとり巻く人たちを見てみましょう。
介護はチームワーク。家族や主治医も大きなチームの一員です。

- ケアマネジャー
- 主治医
- 利用者家族
- 介護スタッフ
- 介護サービス利用者
- 生活相談員
- 看護師
- 栄養士
- 理学療法士など

介護記録は何のために書くの？⑤
——コンプライアンスに基づいた「社会への発信」のために

介護を提供する事業所や施設は、コンプライアンスに従って運営されていることを社会に示す義務があります。

介護報酬が適正なものであることを保証する介護サービス提供の記録

近年は、介護業界でも「コンプライアンス」というものが強く求められるようになりました。コンプライアンスとは、一言で言うと「法令・社会倫理を守ること」。特に企業活動において、社会的な規範である法令や社会倫理に反することなく、公正に業務を行うことを指しています。

介護サービスを提供する事業所や施設は、「介護保険法」等に基づいて介護サービスを実施し、それによって介護報酬（介護サービスを提供する対価として事業者に支払われるサービス費用）を得ています。介護報酬を算定するには、介護サービスを提供した実態が記録されていなければなりません。「介護記録」は利用者との契約の証拠というだけでなく、介護を行なった対価（介護報酬）を得る拠り所でもあるのです。

記録類の作成・保管の義務

介護保険法等には、事業所や施設が運営基準を適切に満たしているかどうかの運営関連資料を作成・保管する義務とともに、介護に関する記録（「介護計画書」や「介護記録」など）の作成・保管の義務も明記されており、各事業者は「介護記録」を作成しなければ法令違反になります。また、利用者負担を除く介護報酬は税金や介護保険料で賄われているため、事業所や施設は介護サービス情報を公表するとともに、所轄の自治体、利用者やその家族などが記録の情報開示を求めたときは、記録を提示しなければならないことになっています。特に、法令遵守の徹底を目的に行政によって行われる「実地指導」や「監査」時には記録類の提示が求められるので、日ごろから介護にかかわる記録を整理・保管しておく必要があるでしょう。

社会への発信

介護サービスを提供した対価（介護報酬）は、その多くが税金や介護保険料で賄われています。そのため、介護事業者には、コンプライアンスに従って運営していることを社会に示す義務があります。なかでも、「介護記録」は介護の実態を明らかにする重要な情報ソースとなります。

所轄の自治体への発信
（実地指導・監査）

家族への発信
（情報開示請求）

地域活動

介護事業者は、開かれた介護を目指し、社会に向けてさまざまな活動を行なっています。地域の行事などに積極的に協力・参加する協働活動や、地域の人たちに自分たちの事業内容を知らせる広報活動、事業所や施設へのボランティアの受け入れ、介護を中心とした各種講習会などがそれに当ります。

介護サービス向上の大きなサイクル①
―― 起点は「アセスメント(表)」

「介護記録」の作成によって得られる最大の効果は、システマチックなサービス向上のサイクルが生まれることです。

介護記録をきっかけにスパイラルアップ（らせん的な上昇）！

前の項で、「介護記録」は介護サービスがケアプラン（特に現場の「介護計画書」）に沿って提供されているかどうかを検証するものだと述べましたが、毎日の「介護記録」（「ケース記録」や「サービス提供記録」）のなかには、ケアプランからはみ出した事柄や利用者からの訴え、ケアプランとはあまり関係がない事象がときどき出てきます。そして、そうした記述のなかには新たな課題が隠れていることがあり、それが「ケアプラン」や「介護計画書」を見直すきっかけになります。

ケアプランの作成に必要な「アセスメント」とは何か

ここから、サービス向上のサイクルとは何かということを、記録類を念頭に置いて見ていきます。ただ、その前に、「ケアプラン」ができる前のことを少し考えてみましょう。介護サービスを利用するためには、最初に「ケアプラン」の作成（事業所・施設では「介護計画書」を作成）が必要です。そして、「ケアプラン」を作成するには、事前に利用希望者のアセスメント（初回）を行わなければなりません。また、サービスの提供が始まってからも、アセスメントを適時行う必要があります。そして、これが介護サービス向上のきっかけとなるのです。

アセスメントという言葉は日常生活ではほとんど使われることがないので、どういうものかよくわからないという人もいるでしょう。アセスメントは通常「課題分析」などと訳されますが、平たく言えば、介護サービスを利用したいと考えている利用者（やその家族）が「現在、何に困っているかを洗い出すこと」。そして、その"困り事"が、「アセスメント表」に記入されると「解決すべき課題」になるというわけです。

介護サービス向上のきっかけ

介護サービスの期間が長くなってくると、ケアプランで充足しきれなかった利用者やその家族からの要望や想定外のミスマッチなどが、「介護記録」によって明らかになることがあります。これをきっかけにケアプランの見直しが検討されれば、それによってケアプランを実態に即したものに更新することも可能です。こうして、「介護記録」を介した「サービス向上のサイクル」が動き始めます。

介護の現場で想定外の事柄や利用者からの訴えがある

↓

それらを介護記録に記入する

↓

ケアプラン見直しの必要性を感じる

↓

サービス向上サイクルに向かってGO！

介護サービス向上の大きなサイクル②
——アセスメントからモニタリングへ

アセスメントによって作成されたケアプランは時が経つと実際の介護との間でズレが生じるので、定期的な見直しが必要です。

アセスメントの結果に基づいてケアプランを作成する

　アセスメントで解決すべき課題が浮かび上がったら、次はそれをいかに解決し、利用者の自立をどう支援するかという観点でケアプランが作られます。そこから実際の介護が始まり、ケアプランが実践されていきます。そして、実際に提供された介護サービスが「介護記録（ケース記録など）」に記されます。ただし、すべてが計画どおりに実行され、利用者や家族（保護者）が満足して、最初に作られたケアプランがそのまま継続されるとは限りません。時間の経過とともに、利用者のニーズや満足度と提供される介護との間にズレが生じたり、利用者から新たなニーズが出てきたりするからです。そして、それらが日々の「介護記録」に記録されていきます。

「介護記録」の内容に基づいて「ケアプラン」のモニタリングを行う

　そこで、ケアプランの目標がきちんと具現化されているかをチェック（評価）する必要が生じます。この作業をモニタリングと言い、評価結果は「モニタリング表」に記録されます。モニタリングにはアセスメントの視点が入ってきます。むしろ、アセスメントの視点をもって評価するのがモニタリングだと言ってもよいでしょう。

　新人介護スタッフのみなさんからはしばしば、アセスメントとモニタリングの違いがわからないという声が聞かれます。アセスメントとモニタリングにはこのような補完関係があるために、区別がつきにくいのかもしれません。基本は、アセスメントは「困っていることの洗い出し」、モニタリングは「プランと介護とのズレのあぶり出し」です。初回ケアプランの作成前にモニタリングがないのは、モニタリングすべき介護がまだ始まっていないからです。

アセスメントとモニタリングの違い

アセスメントとモニタリングはどちらも利用者の困難に視点を置くことから、互いに補い合うところがあります。しかし、明らかに違う作業ですから、その違いをしっかり頭に入れましょう。

アセスメント（課題分析）とは

利用者やその家族が困っていることを洗い出すこと。「ケアプラン」や「介護計画書」の作成や見直しの前に、利用者や利用者家族に聞きとりをして行われます。

モニタリング（現状評価）とは

実際の介護とケアプランを照らし合わせて、ズレが生じていないかどうかを確認すること。現行の「ケアプラン」や「介護計画書」に従って提供されている介護サービスが、今の利用者の心身の状況や利用者・家族の要望に即しているかどうかを評価・検討します。

介護サービス向上の大きなサイクル③
―― サイクルが回り始める

ケアプランの見直しが行われたら、それに従って現場の介護も見直されます。"サービス向上サイクル"の始まりです。

サービス向上サイクルがスタートする

　アセスメントの視点をもってモニタリングを行なった結果、ケアプランと介護との間にズレが見つかった場合は、改めて細かいアセスメントを行うことになります。初回ケアプランが作成される前に行われたアセスメントと意味合いは同じですが、このアセスメントを"再アセスメント"と呼ぶこともあります。

　初回ケアプランの作成以降に行われた再アセスメントを通じて新しい課題が浮かび上がったら、「ケアプラン」（事業所・施設では「介護計画書」）の見直しが行われ、必要に応じて内容が変更されることになります。

　ここで輪がつながり、サービス向上のためのサイクル（循環）がスタートします。そして、このサイクルが向上に向けてゆっくりと回り始める。完結した輪というより、スパイラルアップする"らせん"をイメージしてもらったほうがいいかもしれません。

サービス向上のイメージを描こう

　なお、「ケアプラン」の作成や変更にあたっては、利用者（および家族）・ケアマネジャー・事業所担当責任者などから構成されるサービス担当者会議が開かれ、また、アセスメントやモニタリングに関しては「ケアプラン」を作成したケアマネジャーが行なったり各事業所や施設が独自に行なったりします。しかし、ここではあまりいろいろな要素を考える必要はありません。右ページのサービス向上の大きなサイクルを参考に、サービス向上のイメージを頭のなかに描いておいてください。

　ここまでお話ししたように、利用者の自立支援のためのサービス向上のサイクルにとって、広義・狭義の介護記録は必要不可欠なものなのです。

サービス向上の大きなサイクル

「サービス向上の大きなサイクル」では、下の図にあるようにサービス改善のための記録類が活用されます。

「アセスメント表」
アセスメント（改善すべき問題点の洗い出し）

「モニタリング表」
モニタリング（ケアプランに照らした介護の評価）

「ケアプラン」「介護計画書」
プランニング（介護計画）

「介護記録（ケース記録・サービス提供記録）」
ケアプランの実施（実際の介護）

「介護記録」には リスクマネジメント効果が ある

トラブル（リスク）が発生したときに介護スタッフを守ってくれるのは、事実がきちんと書かれた「介護記録」です。

介護記録にはリスク回避の役割がある

　これまでは利用者本位の話が中心でしたが、ここでは「介護記録」が介護サービスにかかわるスタッフや事業所・施設を守る役割を担うものであることを説明します。
　介護の現場では、思わぬ事故やトラブルが発生することがあります。スタッフや事業所・施設が法的に訴えられるケースがないとは言えません。スタッフや事業所・施設に落ち度がない場合、それを証明して訴えられた側を守ってくれるのが事故報告書、ケース記録、サービス提供記録などです。そのためにも、記録類には事実を客観的に、経過をたどって記入しておくことが大切なのです。

介護者側を守るのは記録の内容

　これはコンプライアンス（法令と社会倫理の遵守）にもかかわる問題ですが、「介護記録」をあとで書き変えるのはやめましょう。手書きの文書で都合の悪い部分をあとで修正するとすぐにわかってしまいますし、パソコンのファイルの場合も変更履歴が残ってしまいます。このほか、誤解されるような書式で書くことも禁物です。小さい字で詰めて書いたり、行間を広くとりすぎたりすることは好ましくありません。文章を直すときは二本線を引いて書き直す配慮が必要です。ただし、いくら事実を客観的に記録したとしても、対応などの中身が不適切ではスタッフを守ってくれることにはなりません。訴訟から守ってくれるのは、適切に介護したという記録なのです。
　なお、事業所や施設には介護記録のほかに利用者家族と連絡をとり合う連絡帳などがあるのが一般的です。普段から連絡帳で家族としっかりコミュニケーションをとっておけば、スタッフへの信頼性が高まってトラブルの回避にもつながります。

トラブルと介護記録

利用者に事故やトラブルがあった際、利用者家族から法的に訴えられることがないとは言えません。介護スタッフに落ち度がない場合、それを証明して介護スタッフを守るのは「事故報告書」や「介護記録」です。

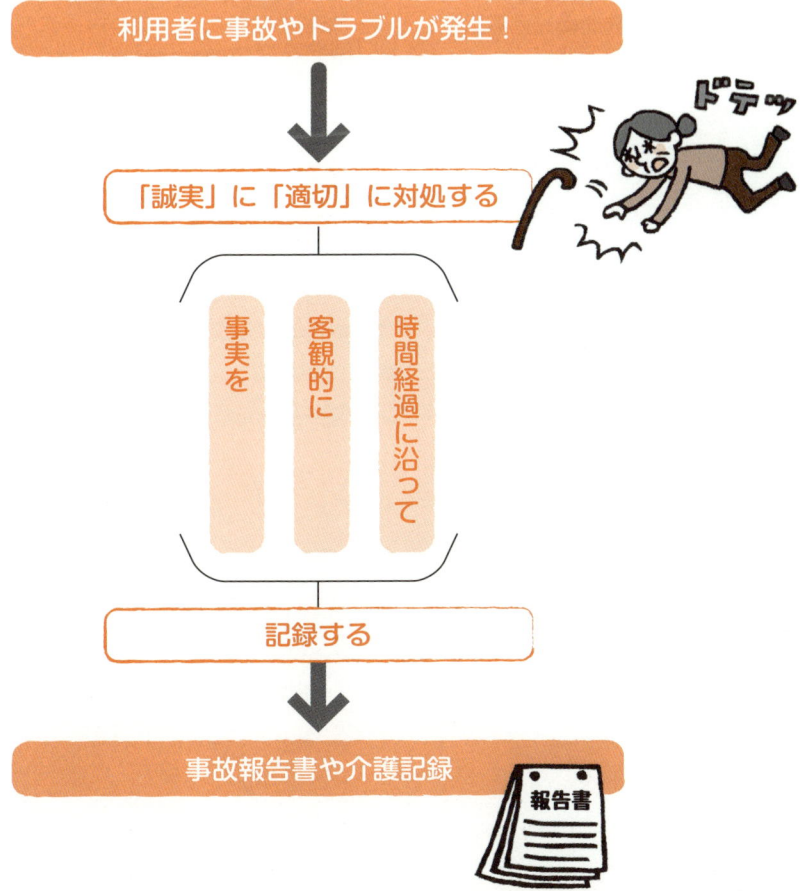

利用者に事故やトラブルが発生！

↓

「誠実」に「適切」に対処する

- 事実を
- 客観的に
- 時間経過に沿って

記録する

↓

事故報告書や介護記録

トラブルに関する記録類がない場合には、利用者家族は介護事業者に対して"記録を残していないことへの不信感"と"言っていることが信じられないという不信感"の両方を抱くことになります。

Part 1 のまとめ

介護記録の種類
- 広義の「介護記録」とは、「ケアプラン」や「フェイスシート」など、介護サービス利用者に関して記録として残しておくべきすべての文書
- 狭義の「介護記録」とは、現場の介護スタッフやホームヘルパーが利用者の様子やサービスの内容を書く「サービス提供記録」、「生活記録表」、「ケース記録」のことであり、一般に「介護記録」と言ったらこれらを指す

介護記録を書く目的
- 利用者のQOL（生活の質）向上のため
- 利用者を案じている家族のため
- サービスの「証明」と「検証」のため
- 介護スタッフどうしの情報共有のため
- コンプライアンスに基づいた社会への発信のため

介護記録がもたらす効果
- サービス向上のサイクルを生み出す
- トラブル時のリスクを回避する

Part 2

どんな用紙に何を書くの？
―― 介護記録類の一般書式と記入例 ――

****

Part 2では、広義の介護記録について一般的な書式用紙を示しながら説明します。このPartでは、まだ具体的なこまごまとした書き方を気にする必要はありません。まずは、自分の周りにある記録類が、実際にどういう用紙にどういうことを書くものなのかの概要を理解してください。ここでは、広義の介護記録の全体像を把握し、自身が日々作成する記録については、1つひとつの項目の内容を理解して現場に即した記載イメージを思い浮かべることが大切です。

「ケアプラン」（介護サービス計画書）①
——居宅／施設サービス計画書の第1表

> ケアプランはサービス利用が決まったときに作成されるサービスのトータルプランであり、介護サービスの司令塔です。

「ケアプラン」と呼ばれている「介護サービス計画書」

　介護サービス計画書は「ケアプラン」という通称で呼ばれていますが、訪問介護・デイサービス・ショートステイに使用する用紙には「居宅サービス計画書」、施設入所介護に使用する用紙には「施設サービス計画書」と記されています。介護サービスの利用開始前に初回プランが作成され、その後は必要に応じて見直しや更新が行われます。なお、居宅サービス計画書と施設サービス計画書の基本的な考え方は同じです。

「ケアプラン」に使われる書式は厚労省標準様式が主流

　そもそも広義の介護記録類には、国が定めた公式な定型用紙はありません。記録すべき項目・内容がきちんと書かれていれば、書式は基本的に自由です。ただ、この「ケアプラン」に関しては、厚生労働省が都道府県への通知のなかで標準様式として示した様式が定番として利用されています。

　「ケアプラン」の基本計画は第1表（1）と第2表（2）に記載されます。「居宅／施設サービス計画書（1）」の主要項目は「要介護状態」、「利用者および家族の意向」、「総合的な援助の方針」の3つ。ケアマネジャーは利用者や家族への聞きとりやアセスメントによりこれらを記入します。「利用者および家族の意向」には、利用者と家族のキーパーソンの意見を分けて、どういう生活を送りたいのか、そのためにはどのようなサービスをどの程度利用したいと思っているのかを記入。「総合的な援助の方針」には、ケアマネジャーや各種サービス担当者がどのようなチームケアを行うのかを客観的に記入します（利用者家族等の緊急連絡先もここに記入するのが一般的です）。この方針は後述する「介護計画書」の同項目にも引き継がれる基本方針です。

厚労省様式の居宅サービス計画書第1表（「ケアプラン（1）」）の記入例

第1表	居宅サービス計画書（1）	作成年月日　平成○年○月○日

（初回）・紹介・継続　　（認定済）・申請中

利用者名　○○ ▽子 様　　生年月日　S4年5月3日　　住所　○○県○○市○○×丁目○番地○号

居宅サービス計画作成者氏名　○○ □美

居宅介護支援事業者・事業所名及び所在地　居宅○○　　○○県○○市□□×丁目△番地○号

居宅サービス計画作成（変更）日　平成○年○月○日　　初回居宅サービス作成日　平成○年○月○日

認定日　平成○年○月○日　　認定の有効期間　平成○年○月○日〜平成○年○月○日

要介護状態区分	要介護1　（要介護2）　要介護3　要介護4　要介護5
利用者及び家族の生活に対する意向	ご本人：長男夫婦や孫と一緒に楽しく暮らすために、健康を維持しながら生活にメリハリをつけたい。 ご家族（長男）：このままでは歩けなくなる心配もあるので、脚力が少しでも改善できたらと思っている。デイサービスでおしゃべり仲間を作ってもらいたい。また、たまにショートステイを利用して、家族で旅行に行けるようにしたい。
介護認定審査会の意見及びサービスの種類の指定	特になし
総合的な援助の方針	身体機能および認知機能が低下してきたために一人暮らしが困難になり、長男一家と同居した状況。 ①介護サービスを利用して、ご本人が安心して楽しく他者と交流する機会をもてるよう支援する。 ②身体機能の維持・改善（特に脚力の改善）を行うための支援をする。 ③長男家族の介護負担を軽減するよう支援する。 緊急連絡先：ご自宅　　○○○-○○○-○○○○ 　　　　　　○○□夫様（長男）携帯：○○○-○○○○-○○○○
生活援助中心型の算定理由	1. 一人暮らし　　2. 家族等が障害、疾病等　　3. その他（　　　　　）

上記サービス計画について説明を受け、内容に同意しました。

同意年月日　平成○年○月○日　　○○ ▽子 ㊞

「ケアプラン」（介護サービス計画書）②
——居宅／施設サービス計画書の第2表

> 「ケアプラン」は自分が働く事業所以外のサービス内容を知ることができる貴重な資料。利用者のプランの全体像を知るために一度は読んでみましょう。

介護サービス提供までの道筋を示す

「居宅／施設サービス計画書（2）」では、具体的なサービスの提供を通じて課題を解決する道筋を示します。

「解決すべき課題（ニーズ）」には、アセスメントで明らかになった課題や困難、つまり利用者の自立を阻む要因が何であるかを、家族の意向なども加味して記入します。また、「目標」の「長期目標」には利用者個々の解決すべき課題（ニーズ）を、「短期目標」には「長期目標」達成のためにはどういう段階を踏む必要があるかを記入します。この第2表を作成することで、課題解決のために何をすべきかが明らかになります。

どんな介護サービスをどれくらい利用するのか

「サービス内容」には、たとえばデイサービスでレクリエーション・おしゃべり・食事・入浴等の提供を受けることや、訪問介護で買物や掃除の支援を受けることなど、どんな介護サービスをどれくらい利用するのかを記入します。「ケアプラン」はトータルプランなので、訪問看護やかかりつけ病院での医療診察、福祉用具貸与などもプランの1つとして組み込まれます。また、トータルプランのなかには家族の役割を明示することが求められるため、家族による援助もサービス内容に記入します。

新人介護スタッフのみなさんには、ぜひ自分が担当する利用者の実際の「ケアプラン」を読んでいただきたいと思います。「ケアプラン」を読んでみれば、その利用者がどんなことに不便を感じ、どのような目標を立てて介護を受け、どういう努力をして今の生活を維持・向上させようとしているのかがわかります。利用者が今ここにいる意味がわかれば、自分が担う介護の価値も実感できるでしょう。

Part 2　どんな用紙に何を書くの？

040

厚労省様式の居宅サービス計画書第2表（「ケアプラン（2）」）の記入例

第2表　　　　　居宅サービス計画書（2）　　　　　作成年月日 平成○年○月○日
利用者名 ○○ ▽子 様　　　　　　　　　　　　　　　作成者 ○○ □美

生活全般の解決すべき課題（ニーズ）	目標				援助内容					
	長期目標	期間	短期目標	期間	サービス内容	※1	サービス種別	※2	頻度	期間
長い間一人暮らしだったので、新しい環境に慣れるためにも、長男一家との生活をよりよいものにしたい。	身体機能の維持・改善、特に脚力を改善させる。	H○／○〜H○／○	転倒やケガを予防し、歩行を改善する。	H○／○〜H○／○	理学療法士により、歩行リハビリや筋肉マッサージを行う。		通所介護	デイ◇◇	週3回	H○／○〜H○／○
					定期的な受診で、持病の高血圧なども含め、身体状況を診察してもらう。		医療診察（○○病院）		適時	H○／○〜H○／○
					自宅周辺を散歩する。		家族介護		随時	H○／○〜H○／○
	できる家事は自分で行う。	H○／○〜H○／○	自室の掃除など、身の回りの簡単なことができる。	H○／○〜H○／○	自室の掃除、自分の衣類をたたむなどの作業を行う。		家族介護		随時	H○／○〜H○／○
	外出の機会を設け、生活に楽しみを見出す。	H○／○〜H○／○	デイサービスに行き、他者と交流する。	H○／○〜H○／○	レクリエーション、おしゃべり、食事、入浴等を通じて、他者と交流する。	○	通所介護	デイ◇◇	週3回	H○／○〜H○／○
	長男家族の介護負担を軽減する。	H○／○〜H○／○	長男家族が自分たちの時間をもつことができる。家族不在時に、安心して過ごせる。	H○／○〜H○／○	デイサービスを利用し、食事や入浴を提供する。	○	通所介護	デイ◇◇	週3回	H○／○〜H○／○
					ショートステイを利用し、宿泊にて食事や入浴等のサービスを提供する。	○	短期入所	特養○○	必要時	H○／○〜H○／○
相談援助体制を作る。	長男家族を含めた支援体制を作る。	H○／○〜H○／○	困ったときに相談できるようにする。	H○／○〜H○／○	定期訪問や電話相談にて相談援助を行う。	○	居宅介護支援	居宅○○	必要時	H○／○〜H○／○

※1 「保険対象給付かどうかの区分」について、保険給付対象内サービスについては○を付す。
※2 「当該サービス提供を行う事業所」について記入する。

「介護計画書」
——介護サービスの設計図

> これもケアプランの一種ですが、こちらは事業者ごとにサービスの内容をより具体的に記述した介護サービスの設計図です。

「介護計画書」は事業所・施設ごとに作成される

これは一般的に「介護計画書」と呼ばれるもので、用紙には介護サービスの種類ごとに「訪問介護計画書（ホームヘルプサービス）」、「通所介護計画書（デイサービス）」、「短期入所生活介護計画書（ショートステイ）」、「施設介護計画書（施設入所）」という名称が記されています。初回の計画書は介護サービスの提供が決まった時点で作成しますが、「短期入所生活介護計画書（ショートステイ）」に限っては、ショートステイが原則として必要に応じて不定期に利用されるものであるため、連続4日以上の利用の場合にのみ作成することになっています。

「ケアプラン」の内容をより具体的な計画に落とし込む

主な項目は「総合的な援助の方針」、「生活全般の解決すべき課題」、課題解決のための「目標（長期・短期）」、課題解決に向けて提供される「サービス内容」の4つ。「総合的な援助の方針」には、「ケアプラン」との共通理解を示し、利用者と家族の意向を踏まえ、よりよい自立に向けてどのような支援を行なっていくのかの方針を記入します。また、「生活全般の解決すべき課題（ニーズ）」には、利用者が現在何に困っているのか、現在の生活に何を望んでいるのかなどを記入し、「目標」には、課題解決に向けてそれぞれの事業所・施設が自分のところで提供できる介護サービスによって具体的に何を実現させるべきかを記入します。

設計図とも言える「介護計画書」は現場の介護のもっとも重要な指針です。介護スタッフは、担当する利用者の「介護計画書」を日ごろから読む習慣をつけましょう。利用者の課題や目標を実感して介護に反映させることが上質の介護につながるのです。

通所介護計画書（ケアマネジャー作成）の記入例

通所介護計画書

デイサービスセンター◇◇

(初回)・継続

(フリガナ) 利用者氏名	(○○▽コ) ○○▽子	生年月日 S4年5月3日	年齢 ○○歳	性別 女性	要介護度 要介護2	作成者 ○○◇郎	作成日 平成○○年 ○月○日	有効期限 平成○○年 ○月○日
介護サービス 計画書作成	居宅介護支援事業所○○				ケアマネジャー　○○□美			
総合的な援助の方針	① 安心して楽しく他の利用者と交流する機会をもつ。 ② 身体機能の維持・改善（特に脚力の改善）を行うための支援をする。 ③ 長男家族の介護負担を軽減する。							

生活全般の 解決すべき課題	目標（長期）	目標（短期）	期間	サービス内容	留意事項
同居した長男一家との生活をよりよいものにしたい。	他者と楽しく交流する機会をもつ。	レクリエーション、食事、おしゃべりなどを通じて他利用者と交流する。	H○/○ 〜 H○/○	レクリエーションの参加や趣味活動の支援を行う。	他の利用者との会話が進むよう、声かけや席の配置などに気を配る。
	身体機能を維持・改善する。	転倒やケガを予防し、歩行を改善する。	H○/○ 〜 H○/○	理学療法士による歩行リハビリや筋肉マッサージを行う。	
		日常動作の向上。	H○/○ 〜 H○/○	集団体操やレクリエーション、食事や入浴などを通じて日常動作の機能訓練を行う。	脚力が低下しているので、特に入浴時などは見守りと一部介助が必要。
	長男家族の介護負担を軽減する。	長男家族が自分たちの時間をもてるよう、家族と離れていても安心して過ごせるようにする。	H○/○ 〜 H○/○	長男家族と離れている時間をつくるために、食事、入浴などのサービスを提供する。	デイサービスでの時間を楽しく過ごしてもらえるよう努める。
基本的なサービス項目	☑送迎　☑バイタル測定　☑食事　☑入浴　☑レクリエーション ☑機能訓練　□服薬支援　□排泄介助				

通所介護計画書について説明を受け、同意しました。　平成○年○月○日　説明者　○○◇郎 ㊞
ご本人　○○▽子 ㊞
ご家族　○○□夫 ㊞

ケアプランと連動する文書①
──課題を洗い出す「アセスメント表」

> ケアプランとの連動という意味で、新人介護スタッフのみなさんに特に理解してもらいたいのは「アセスメント表」と「モニタリング表」です。

アセスメントの標準項目

　Part 1でも触れましたが、アセスメントとは課題分析、つまり利用者が今の生活のどこに困難を感じているのかを洗い出すことです。「どこ」に該当する「標準項目」に沿って利用者や家族に聞きとりをし、解決すべき課題を見つけて「アセスメント表」に記入します。新人介護スタッフのみなさんもアセスメントができるようになることが理想です。それによって観察眼や介護に対する姿勢を養うことができるからです。
　チェックすべき主な標準項目を以下に示します。

❶ **健康状態**…既往歴や現在の症状や痛みなども含む
❷ **ADL**…食事、移乗、歩行、更衣、入浴、排泄などの「日常生活動作」
❸ **IADL**…調理、掃除、買物、金銭管理、服薬などの「手段的日常生活動作」
❹ **認知**…日常の意思決定を行うための認知能力の程度
❺ **コミュニケーション能力**…意思の伝達のほか、視力や聴力も含む
❻ **社会とのかかわり**…社会的活動への参加意欲や変化、喪失感や孤独感など
❼ **排尿・排便**…失禁の状態や排尿・排便後の後始末、頻度など
❽ **褥瘡・皮膚の問題**…床ずれの程度や皮膚の清潔状況など
❾ **口腔衛生**…歯や口腔内の状態や口腔衛生など
❿ **食事摂取**…栄養、食事回数、水分量など
⓫ **問題行動**…暴言・暴行、徘徊、収集癖、火の不始末、不潔行為など
⓬ **介護力**…介護者の有無、介護者の介護意思、介護負担などの介護者情報
⓭ **居住環境**…住居改修の必要性、危険箇所の記載など
⓮ **特別な状況**…虐待やターミナルケアなどの個別の事情

アセスメント表の記入例

○○ □子　85歳　要介護1　　　　　アセスメント表　　　　記入者：介護支援専門員 ○○ □美

健康状態	高血圧と糖尿病あり。2ヵ月に1回受診している。
ADL（日常生活動作）	ほぼ自立しているが、下肢筋力の低下が見られる。着衣や入浴は自分で行えるが、洋服や着替えの準備には他者の確認が必要。
IADL（手段的日常生活動作）	自室の掃除は自分で行う。調理・買物は同居の長女が行う。服薬では、薬の管理や準備は長女が行うが、手渡すと自分で飲む。
認知	日常の簡単なことは自分で決められるが、特別事項には助言が必要。
コミュニケーション能力	笑顔で他者とおしゃべりができ、会話やコミュニケーションは可能。
社会とのかかわり	足の筋力の衰えや好奇心の減少から、外出意欲は以前より低下した。映画館や美容院にはたまに行きたがるので、長女が車で連れて行く。
排尿・排便	自分でトイレに行き、問題なく排泄している。
褥瘡・皮膚の問題	特になし。
口腔衛生	問題なし。
食事摂取	基本的に好き嫌いなく残さず食べているが、最近は野菜をあまり好まなくなった。1品を集中して食べるため、長女が適宜声かけをする。
問題行動	お金や通帳を大事なものだからとしまいこみ、その場所を忘れる。朝と夜を勘違いすることが多く、真夜中に雨戸を開けてテレビを大音響でかけ、着替えを始めることがたびたびある。
介護力	長女家族と同居。家族の理解と協力の下、在宅生活を送っている。
居住環境	長女家族と同居の折、バリアフリーにするなどのリフォームを行なった。
特別な状況	特になし。

※アセスメント表には、このほかに利用者の基本情報などが添付されます。

ケアプランと連動する文書②
――介護内容を評価する「モニタリング表」

> モニタリングとは、介護がケアプランどおりに実施されているかどうかをチェック（評価）する作業です。

ケアプランとの整合性をチェックする「モニタリング表」

　モニタリングとは、実際に提供した介護の内容とケアプランを照らし合わせて、計画どおりにサービスが提供されているか、計画どおりのサービスによって課題が解決されているか、計画の目標達成に向けてサービスが提供されているかなどを評価する作業です。本来、モニタリング的な観察作業は日々の介護現場で常に必要とされているものですが、一般的には定期的に介護内容を観察・評価して、その結果をモニタリング表に記載する一連の作業をモニタリングと呼んでいます。事業所・施設においては、特に「介護計画書」との照らし合わせが重要です。

ズレが生じていたらケアプランの見直しを

　「介護計画書」と照らし合わせたときに、サービスがもれなく提供されていたとしても、利用者・家族がすべてに満足しているとは限りません。時間の経過に伴って利用者の心身に変化があり、思ったような効果が得られていないケースもあり得ます。「何かがちょっと違う」、「何かが足りない」といったことが続けば、「ケアプラン」や「介護計画書」を見直す時期だと考えられます。しかし、"現場ならではの気づき（無意識な日々のモニタリング）"によって、実際の介護をニーズに沿うように適宜変更していけばよいというわけではありません。提供する介護は利用者との契約によって「ケアプラン」や「介護計画書」で保証しているものであり、介護は現場の了解だけで変更されてよいものではないからです。ベテランスタッフは即戦力となって介護を改善する力をもっています。その気づきや柔軟な対応をその場限りで終わらせず、「介護計画書」の見直しに生かしましょう。

モニタリング表(ケアマネジャー作成)の記入例

モニタリング表

モニタリング期間　平成○○年○月○日〜平成○○年○月○日

介護支援専門員　□□ △美

利用者氏名	フリガナ	生年月日	年齢・性別	要介護度	モニタリング日
○▽□男	○▽□オ	S○年○月○日	○○歳 **男性**・女性	要介護3 (認知症状：軽度)	H○年○月○日

利用者の最近の体調	特に大きな変化はない。午前中に調子がよくないことがあっても、午後には常態に戻っている。以前より長く歩けるようになり、自宅周辺の散歩も積極的に行なっている。

短期目標	サービス内容	実施状況と効果	満足度	今後の対応
外出の機会をつくって他の利用者と交流する。	週2回のデイサービス	趣味の演歌カラオケに積極的に参加。他利用者とも嫌がらずに会話をしている。	本人・家族ともに現状に満足。	このまま継続。
脳梗塞(こうそく)の後遺症(左半身麻痺)を改善させる。	週1回のデイケア(通所リハビリ)	リハビリによって歩行姿勢や歩行継続時間が改善してきた。	本人・家族ともに満足。本人としては、効果が現れるにしたがってリハビリへの意欲が湧き、もっとリハビリを増やしたいとのこと。	リハビリの回数を増やす方向で検討。
同居の次男家族(特に次男妻)の介護負担を軽減する。	月に1度(3泊程度)のショートステイ	月に1度の利用のほか、次男家族の冠婚葬祭時などにもサービスを利用することで効果が得られている。	本人はあまり積極的ではないが、趣旨はだいたい理解しているようで、利用に不満はない。家族は満足している。	このまま継続。
総括・評価	デイサービスとショートステイは現状のまま継続。デイケアについては、回数を週1回から週2回に変更することを検討する。			

047

「フェイスシート」
——利用者の基本情報台帳

> 介護には、利用者のそれまでの生活状況を把握しておくことが必要です。接し方のヒントもそのなかから見つかるはずです。

介護サービスを受けるに至るまでの状況を知っておく

　「フェイスシート」は、ケアマネジャーや、介護サービスを提供する事業所や施設が利用者と契約を結ぶ際に担当者によって作成される利用者の基本台帳です。そこには、介護保険番号や家族構成、生活歴、病歴、家族の意見・要望などが記され、利用者がどのような経緯で介護サービスの利用に至ったかということもわかるようになっています。また、「フェイスシート」には、利用者の心身状態を知るためにADL（日常生活動作）やIADL（手段的日常生活動作）を詳しく記載した別表がつくのが一般的です。ADL欄には、食事、排泄、入浴、移動、嚥下、更衣といった基本的な日常生活の動作が1人でできるか（自立しているか）、または何らかの支援・介護が必要であるかが記されています。IADL欄には、調理、買物、掃除、外出、金銭管理、服薬管理などの手段的日常生活動作、視力や聴力、手足の麻痺の有無、処置（点滴を始めとする医療行為）などについて記載されています。

「フェイスシート」は介護の原点

　「フェイスシート」を作成するのは事前に面接を行なったケアマネジャーや担当責任者ですが、新人介護スタッフのみなさんに関係がないわけではありません。第一に、こうした情報を知ることで利用者への対応がきめ細かくなるからです。アセスメントに必要な事前情報も得られます。また、認知症状がある利用者や感情の起伏が激しい利用者に対応する際には、「フェイスシート」から何らかのヒントが得られるかもしれません。介護するということは、その人の過去を含めてサポートするということ。利用者の過去と向かい合える「フェイスシート」は、介護の原点なのです。

フェイスシートの記入例

フェイスシート　　平成○○年○月○日　記入者□□◇子

フリガナ	○○ ○エ	性別	生年月日	年齢
氏　名	○○ ○枝	男・㊛	S3年○月○日	○○歳
住所	〒○○○-○○○○　○○県○○市○○1-2-3		電話　（×××）×××-××××	
介護保険	保険者○○市　被保険者番号○○○～　要介護度（支援1・2　要介護1・2・㊂・4・5） 有効期限　平成○○年○月○日　～　平成○○年○月○日			
医療保険	被保険者番号○○○～ 有効期限　平成○○年○月○日　～　平成○○年○月○日			
障害者手帳	☐身体障害者手帳 ☐療育手帳 ☐精神障害者保健福祉手帳	障害名	有・無	種　級
年金	㊒・無　国民年金　遺族厚生年金	公的負担等		
生活歴	子どもたちが結婚して独立したあと、67歳のときに夫をがんで亡くし、それ以来、都内の自宅で一人暮らしをしていた。しかし、4～5年前くらいから足腰が弱くなってシルバーカーなしでは外出ができず、最近は膝が痛いのでめったに外出しない。物忘れもだいぶ進んでいる。そのことを心配した近県に住む長女が、自分を頼っている母のために自宅を増築し、半年前から同居を始めた。幸い、隣県に次女が住んでいることから、ときどき介護の手伝いに来てくれる。なお、利用者本人は、子どもたちの迷惑にならないよう、寝たきりになったら老人ホームに入ることを希望している。長女と次女は母に対しては賛成・反対の態度を示していないが、長女は「将来的にはそうすることが一番いいかもしれないと思う」という意見だった。			
既往歴	H5年より高血圧（治療中） H14年5月右目白内障手術 H15年3月左目白内障手術 H23年より糖尿病（治療中） 数年前から変形性膝関節症が進行		服薬	血圧降下薬 糖尿病薬	

家族図（同居者を○で囲む）☐→男性　○→女性　◎→本人　■●→故人　　　　（介護者の状況）
主介護者　◇◇△子（長女）
副介護者　▽▽○代（次女）

家族構成	氏名	続柄	年齢	同・別	住所・職業・学校等	電話番号
	◇◇△子	長女	56	☑同居 ☐別居	パート勤め	
	◇◇○夫	長女の夫	58	☑同居 ☐別居	会社員	
	◇◇□郎	長女の長男	24	☑同居 ☐別居	大学院生	
緊急連絡先	氏名 ◇◇△子	続柄 長女	住所 ○○県○○市○○1-2-3			携帯電話 ×××-××××-××××
	氏名 ▽▽○代	続柄 次女	住所 □□県○○市○○4-5-6			携帯電話 ×××-××××-××××
備考	変形性膝関節症がだいぶ進行しており、別紙のとおりADLに支障が出ている。 同居の長女家族とのコミュニケーションは良好だが、長女の夫や孫とはあまり会話をする機会がない。					

049

介護スタッフが書く「介護記録」①
——訪問介護の内容を記録する「サービス提供記録」

> これはホームヘルパーが利用者のお宅で訪問介護を行なった際に、サービスの内容や利用者の様子を記録するためのものです。

サービスは利用者にかかわるものだけを行うのが原則

　訪問介護時に提供したサービス（主にチェック方式で記録）や利用者の様子（主に自由形式で記録）をホームヘルパーが記録したものが、「サービス提供記録」です。
　訪問介護の仕事は大きく「身体介護」と「生活援助」に分けられ、時間配分などがケアプランで決められていますが、生活援助のみのようなプランになっている場合は、利用者に頼まれても身体介護はできないことになっています。それは身体介護と生活援助の仕事の時間単価が異なっているからです。
　また、身体介護も生活援助も、時間内であれば作業の裁量は現場に任されていますが、時間が限られているので、ケアプランに示されたサービス（利用者や家族が要望するサポート）を優先して実行しましょう。なお、訪問介護は"日常"と"本人"がキーワード。利用者の嗜好品などの買物や、利用者本人分以外の調理・掃除などはできないので注意してください。

利用者の観察はアセスメントの基本

　訪問介護は、利用者の心身の状態を知る貴重な機会です。特に一人暮らしのお年寄りでは、ホームヘルパーが利用者の状態を知るもっとも近しい存在になることも少なくありません。高齢者は、今日できたことが短期間のうちにできなくなることも多く、また、知らず知らずのうちに心を閉ざしてしまうこともあります。
　そうしたことに早めに気づくためには、利用者の言動に注意していなければなりません。気づいたことを記録として残しておけば、それによってケアプランの見直しが行われることもあるので、記録は大きな意味で有用なサポートになるでしょう。

サービス提供記録（訪問介護用）の記入例

サービス提供記録

ヘルパー名：○○ ◇子

利用者氏名	サービス区分	同居の有無	介護度	訪問計画時間	サービス提供日	訪問時間
（○▽◇オ） ○▽◇男	生活援助	**(有)**・無 （娘家族）	要支援： 要介護：1	毎週月水金 14：00〜 14：44	平成○○年 ○月○日（金）	14：00〜 14：44

身体介護	排泄介助	トイレ　Pトイレ　便・尿器　オムツ　衣類着脱　その他（　　　）
	食事介助	配膳　摂食　移動介助　姿勢保持　清潔確保　その他（　　　）
	入浴介助	入浴準備　衣類着脱　移動　入浴　シャワー浴　部分浴　洗髪　その他（　　）
	清拭介助	湯などの準備　衣類着脱　清拭（全身・部分）　後片づけ　その他（　　）
	外出介助	車椅子などへの移乗　外出　通院　買物　その他（　　　）
	身体整容	衣類着脱　洗顔　ひげ剃り　整髪　歯磨き　爪切り　その他（　　）
	服薬管理	薬の確認　服薬等の補助（服薬・軟膏塗布・外用薬貼付）　その他（　　）
	IADL訓練	調理　掃除　選択　買物　その他（　　　）
生活援助	掃除	**(居室)**　**(洗面所)**　**(トイレ)**　浴槽　ゴミ出し
	洗濯	**(洗濯)**　**(物干し)**　機械乾燥　とり入れ・収納
	調理	調理　配膳　下膳　後片づけ　その他（　　　）
	買物	買物（　　　）　薬受けとり　その他（　　　）
	衣服管理	衣類整理　衣類補修　その他（　　　）
	ベッドメイク	**(シーツ交換)**　**(寝具乾燥)**　**(ベッドメイク)**　その他（　　）

金銭記入欄（買物や薬の受けとりを行なった場合の費用）

預かり金	支出	おつり	交通費実費
0円	0円	0円	0円

特記事項

前回と同様にお元気な様子。私が洗濯物を干しているときに、ご自分が毎週楽しみにしているテレビ番組について笑顔を見せながら話をされた。帰りに娘さんから「最近、足腰がさらに弱ってよろけることが多くなったので、入浴の見守りや一部介助をお願いしたいが、可能でしょうか？」と言われた。「上司に聞いて改めてご連絡します」と返事をした。

介護スタッフが書く「介護記録」②
──利用者の健康状態を記入する「生活記録表」

> 新人介護スタッフのみなさんが、働き始めた日から毎日書かなければならないのが、この「介護記録」です。

健康状態を知るチェックシート

「生活記録表」（事業所や施設によって呼び名や書式が異なる場合もある）とは、利用者の現在の健康状態をチェックするための記録のことです。

主な項目は利用者のバイタル（生きている証としての数値情報の意味で、介護の現場では主に体温、血圧、脈拍の測定値を指します）、食事、入浴、排泄、服薬、水分摂取量などです。健康状態を知るもっとも客観的で基本的な記録で、提供した基本的なサービスもわかる、現場では必要不可欠なものです。

文章で書く部分はほとんどなく、バイタルなどの測定数値を記録する以外に、○×や５段階・10段階評価（たとえば食事の項目では、食べた量が全体10のうちの８など）で記入するのが一般的です。「生活記録表」が単独の表になっている場合もありますが、情報を管理しやすいように、次に説明する「ケース記録」と組み合せているものもあります。

生活記録表（ショートステイ）の記入例

生活記録表

ユニット名 ○○○　　お名前 ○○ □子 様

月日	時刻		0	1	2	3	4	5	6	7	8	9	10	11	12	13	14	15	16	17	18	19	20	21	22	23		
/15	排泄										○			20	50			40					50					
	入浴																							00					
	リハビリ														○														
	バイタル	体温 36.7℃ 血圧 125/69 脈拍 69
	朝食	主 /10　副 /10　汁 /10　水分 150/200
		10時	コーヒー　紅茶　(お茶)　200
	昼食	主 10/10　副 10/10　汁 8/10　水分 200/200
	おやつ	コーヒー　(紅茶)　お茶　200
	夕食	主 8/10　副 10/10　汁 10/10　水分 150/200
	薬	朝　昼　夕　就寝
	口腔	○　○　○
	備考	

月日	時刻		0	1	2	3	4	5	6	7	8	9	10	11	12	13	14	15	16	17	18	19	20	21	22	23
/16	排泄					10		30						15								15				
	入浴											○(家族可能・看取り前)															
	リハビリ	
	バイタル	体温 36.8℃ 血圧 140/89 脈拍 78
	朝食	主 9/10　副 10/10　汁 8/10　水分 150/200
		10時	コーヒー　紅茶　(お茶)　200
	昼食	主 8/10　副 10/10　汁 10/10　水分 200/200
	おやつ	コーヒー　(紅茶)　お茶　200
	夕食	主 9/10　副 8/10　汁 10/10　水分 150/200
	薬	朝　昼　夕　就寝　20
	口腔	○　○　○
	備考	り家族迎え

介護スタッフが書く「介護記録」③
──普段と違う様子を記録する「ケース記録」

> 利用者の状態や介護の内容に関して介護スタッフが記録すべきと判断した事柄を記録するもので、訪問介護では「サービス提供記録」の自由欄に相当します。

提供したサービスや利用者の様子を記録する

　書く内容は、「利用者から何か訴えがあった」、「周囲と楽しく交流していた」、「体調に変化があった」、「感情に大きな起伏があった」といった利用者の様子や、「どういう介護を行なったか」、「介護を行なった際の利用者の様子はどうだったか」などです。介護は時間に追われるハードな仕事ですから、大きな事故がなく、食事や入浴の介助などをこなせばよしとすべき、という考え方も理解できないわけではありません。しかし、食事の世話や入浴の介助と同様に、普段から利用者に目を向けて注意深く観察することも、プロの介護スタッフの大切な仕事。その観察結果を見える形にしたものが「ケース記録」です。小さな変化を積み重ねて記録することが、のちに訪れるかもしれない大きな変化や問題へのアプローチにつながっていくのです。

押したり引いたりして利用者の小さな変化を見つけ出す

　介護はある意味、子育てと似ているかもしれません。食事や入浴などの世話に追われて「毎日の日課をこなすだけで精いっぱい」という気持ちになってしまうと、子どもの様子のわずかな変化や心に生じた小さな変化に気づくことができません。介護においても、しっかり観察しようとする気持ちをもつことが大切です。観察する力は日々の習慣のなかで養われます。ときには利用者に声をかけて反応を引き出したり、集団のなかの利用者の様子を少し引いて眺めたりすることも大事。利用者の様子や気持ちの変化がはっきり見えてから、それを「ケース記録」に記入しましょう。

　仕事のなかで目にしたことを安易に記録しようとすると、利用者の小さな変化を見逃しやすくなります。しっかり観察し、整理してから書くようにしましょう。

ケース記録（施設介護）の記入例

ケース記録

○○ □□郎 様   平成○年○月○日

時間	内容	記入者
8:00	朝食時にお箸がうまく握れない様子だったので、「スプーンに替えましょうか？」と声をかけると、「うん」とうなずいた。スプーンに変えると上手に食べられるようになった。	○○
10:00	居室にあったタオルやティッシュの箱などを○○さんが廊下にもち出して一列に並べ始めた。「これは何でしょうね」と声をかけても、ご本人もよくわからない様子。しばらく続けていたが、そのうち興味がなくなったのか、並べたものをそのままにしてフロアのテレビの前に行ってしまった。【コメント】少し前にテレビで模型の電車の映像が流れていた。○○さんの記憶にその映像が残っていたのかもしれない。	
15:00	予約してあった「床屋さん」（定期理髪サービス）で髪を切ってもらった。2ヵ月ぶりに髪の毛がすっきりした。ひげも剃ってもらった○○さんはあごを撫でて「気持ちがいい」と笑顔を見せていた。	
19:30	夕食後、フロアで他の利用者とおしゃべり。	□□
21:30	居室に戻ったので、パジャマに着替えるのを介助した。	
22:00	寝息を立てて眠っていた。	
00:00	睡眠中。寝返りを確認。	
2:00	睡眠中。	
4:00	「ああ」という声が聞こえたので、そばに寄ってみると、目をさましているようだった。「まだ起きるには早いですよ」と言うと、少しうなずいたように見え、また目をつぶった。	
6:30	目をさましたので、着替えを介助した。	

「事故/ヒヤリハット報告書」
——検証と予防が目的の報告書

「大事故の背景には29の軽微な事故と300のヒヤリハット事例が存在する」というハインリッヒの法則を念頭におきましょう。

事故発生時の対応と「事故報告書」

　高齢者を中心とした介護の現場では、事故が起こる可能性が常にあります。そこで、介護の職場でも、「事故報告書」の作成を通じて事故の再発防止を図っています。

　事故が発生したときの対応は、①「必要な応急処置を行う」、②「医師や看護師の指示を仰ぎ、必要なら救急車を呼ぶ」、③「家族に連絡する」のが基本です。「事故報告書」にはそうした一連の経緯をありのままに書きます。あいまいな記述で事故を隠したり過小評価したり、安易に利用者のせいにしたりすると、のちのち家族とのトラブルの原因にもなりかねません。発生原因も含めて事実を冷静に書くことは、再発防止になるだけでなく、介護スタッフを守ることにもつながるのです。

「ヒヤリハット報告書」で事故予防能力を向上させる

　「ヒヤリハット報告書」は、介護の現場でヒヤリとしたことやハッとしたことを記入するもので、最大の目的は事故を未然に防止することです。「介護記録」を丹念に書いていれば、そのなかから「ヒヤリハット事例」をピックアップして作成することも可能です。「ヒヤリハット報告書」の原点は、日常の変化をしっかりと観察すること。大したことではないと見過ごしがちな"ヒヤリハット"をもらさず報告書に上げることが、現場での事故を未然に防ぐことにつながるのです。

　また、事故やヒヤリハットの発生が、利用者の心身機能の低下に起因している場合も多々あります。そういう場合は、なるべく早い時点で再びアセスメントを行なって「介護計画書」の中身を見直す必要があるので、報告を報告のままにしない姿勢が大切です。

事故／ヒヤリハット報告書の記入例

(事故)／ヒヤリハット報告書

報告者 △△ □美　所属 ユニット○○○

利用者氏名	○○ □子	介護度	要支援1・2　要介護1・(2)・3・4・5
性別・年齢	男・(女)（82）歳	認知症症状	(軽)・中・重・なし
発生日時	平成○○年○月○日（金）　時刻 18：00		
発生場所	食堂		
発見者	△△ □美		

発生時の状況	夕食後に糖尿病の薬（錠剤）を口に入れたときに急にむせて咳込み始めた。錠剤を誤嚥したと思われる。	介護中 (はい)・いいえ
発生時の対応	背中をたたいて錠剤を出そうとしたが、何も出てこなかった。咳がまだ少し出ていたので、看護スタッフに連絡。看護スタッフからは、「薬は極めて小さいものなので、今は経過を観察し、咳が止まらなかったり何か異変が起きたりしたら、すぐに病院で受診」との指示を受けた。咳は10分ほどで収まり、その後は熱も出なかった。	ナースコール (有)・無

報告レベル	0（ヒヤリハット）・　1（被害なし）・(2)（痛みなどの変化あり）・　3（受診）・　4（入院）・　5（死亡）
発生前の状況と考えられる事故原因	○○さんは、普段から錠剤を飲むときに手の平に置いた薬を思い切り吸い込んで飲む癖がある。そのため、いつもは気をつけて「薬は指でつまんで口の中に入れましょうね」と声をかけていた。しかし、当日は他の利用者の世話に気をとられて見守りが不足し、目が届かないうちに1人で吸い込んで事故が起きたと思われる。

家族への対応 (有)・無 同居の長女の面会時に口頭で報告。	報告時間	翌日 11：00
	連絡者	△△ □美
	報告内容	糖尿病の錠剤を誤嚥。背中をたたいても薬は出てこなかったが、10分ほどで咳は止まり、今のところ変わりはない。しばらくは体調に変化がないか経過を見守ると伝えるとともに、事故時の見守り不足を謝罪した。
	家族の意向	そのまま様子を見てくださいとのこと。

今後の防止策	○○さんが薬を飲むときは、必ずそばについて薬を指でつまんで口の中に入れるよう声をかけ、水を飲んで薬を飲み込むまで見守るようにする。

※この報告書を提出することで不利益処分を受けることはありません。

057

「業務日誌」
──組織管理の視点で書く業務記録

> 「介護記録」が利用者の介護という視点での記録であるのに対し、「業務日誌」は事業所や施設の業務内容を管理するための報告書です。

「業務日誌」は事業所や施設の業務内容を把握・管理するための報告書

　「業務日誌」には、事業所や施設（大規模なところではフロアやユニット単位）でその日に起こったことや申送り事項、担当職員の数や名前などが記録されます。夜勤があるサービス形態では、夜間業務日誌も書くことになります。

　記入する内容は、たとえば特別養護老人ホームなら、在籍者の数、入院、退院、通院、外泊などの状況、引継ぎ・申送り事項、面会や来客の数、行事の内容、勤務者情報など。「業務日誌」の情報は、厚生省令が定めた運営管理の基準が満たされているかどうかのチェックや、介護費用の算定が正しく行われているかどうかのチェックに使われることもあります。

重要な申送り事項は「業務日誌」にも記入する

　この記録においては、「申送り事項」の欄がきちんと記入されているかどうかも重要です。この欄は利用者に特別なことがあった場合に記入します。重要な申送り事項を個人別の「ケース記録」に記載すると、１人ひとりの「ケース記録」に必ず目を通さなければならなくなります。その手間を省くために、要注意事項をピックアップして「業務日誌」に記録するわけです。特に、その日に身体の具合が悪い利用者がいれば見守りのために申送りが必要ですから、必ず書かなければなりません。利用者の体調不良が続く場合はもちろんのこと、よくなったときも申送りは必ず行います。重要な事案については、担当者が代わっても数日間は申送りを続ける必要があります。介護はチームワーク。要注意事項の経過や結果を介護スタッフ全員で共有することはチームワーキングの条件です。

業務日誌（特別養護老人ホーム）の記入例

業務日誌

特別養護老人ホーム○○○
ユニット：3F－A　平成○○年○月○日

施設長	部長	主任	リーダー		記録者	
㊞	㊞	㊞	㊞		㊞	

3F-A	在籍者数	退所者数	入居者数	入院者数	外泊者数	入浴者数
男性	○○		○○	○○	○○	○○
女性	○○		○○	○○	○○	○○
計	○○人	人	○○人	○○人	○○人	○○人
入院者名	△△○男					
外泊者名	◇◇○子	□□△郎				

引継ぎ・申送り事項	○□さんが 15:00 ごろから何回も鼻をかんでいる。風邪気味かもしれないので、様子を見てほしい。熱は 16:00 に 36.5℃で平熱だった。
面会者	○○さんの娘さん（◇◇さん）が面会のために来所。
今日の出来事	地域ミニコミ（○○）の取材があり、施設長が対応。レクリエーションの時間に、手品サークル（△△会）のボランティアによるマジックショーがあった。

勤務状況	夜 勤	△△□子			
	早 番	○○▽子	□□△美	◇□○代	
	日 勤	○○◇子	○△□男	◇◇▽子	
	遅 番	▽▽○夫	△○◇子	○◇▽郎	
確認事項	☑火気器具	☑火災報知機	☑消化器	☑避難誘導灯	
備考					

「統合型ケース記録」
——「生活記録表」と「ケース記録」を合体させて使いやすくしませんか？

> 最後に「ケース記録」の工夫版を考えてみました。「介護記録」の書式は、出来合いのものをそのまま使うだけでなく、現場のスタッフが使いやすいよう工夫し、よりよいものに改良していくのが理想です。

基本的に、どの記録類にも国や自治体が決めた書式はないため自由に書式を決めてよいのですが、インターネットなどから入手した用紙を改良して使っている事業所・施設はあまり多くないようです。しかし、文章記述欄が大部分を占める「ケース記録」は、自由度が高い分、書き手の能力や意欲の差によって、利用者の様子がよくわかるものとわからないもののバラツキが生じてしまいます。そこで、介護サービスのなかでもっとも多く利用されているデイサービスの「ケース記録」を例にとって、どのような工夫をしたらもっと使いやすく、利用者の様子がよくわかる「ケース記録」になるのかを考えてみました（工夫した実例を、次の見開きページで紹介します）。

ポイント1 「生活記録表」と「ケース記録」を合体させる

多くの場合、「生活記録表」と「ケース記録」は別々の用紙になっています。しかし、「生活記録表」のチェック項目は、体温にせよ食事の提供にせよ、「ケース記録」の記述と密接に関連しているので、両方が1枚の用紙に入っているほうが合理的です。また「ケース記録」に時間スケールをつけることで、「ケース記録」の時間推移が一目でわかるようになります。

ポイント2 利用者の表情や機嫌の善し悪しをチェックする項目を入れる

利用者の表情や機嫌は、「ケース記録」をよく読まなければわかりません。普段と違った様子がなければ、書かないことも多いでしょう。でも、来たときは無表情でも、帰るときには機嫌がいいという利用者はたくさんいます。逆のこともあるでしょう。来館時と退館時のチェック欄を作っておくと、連続的に利用者のおおよその様子を把握することができます。

ポイント3 看護スタッフへの連絡の有無を記す

　看護スタッフに連絡したときは、文章でも記録されますが、一目で見られるように「看護スタッフへの連絡」の「有・無」、「時刻」のような簡単な記入欄を併設しておくと便利です。ここを見ればすぐに看護記録と照合することができ、利用者の具合や経過を「看護記録」から詳しく知ることもできます。

ポイント4 慢性疾患の欄を作る

　利用者の慢性疾患情報は、その利用者の生活と密接に関連し、その人が何歳であるかというのと同じくらい利用者の生活の一部になっています。慢性疾患の背景を知らずに利用者に向き合うことは、鏡を見ないでお化粧するようなもの。日ごろの対応に手探りの部分を残すことになります。「フェイスシート」の情報をいちいち読まなくても済むよう、「薬欄」と併せて「ケース記録」に「慢性疾患」の欄を設けましょう。空用紙に名前と疾患情報を書き入れてコピーして使うといいかもしれません。

ポイント5 家族からの伝言欄を設ける

　家族から伝言があるときは、電話が直接あったり、連絡帳に記載されたりするはずです。しかし、それが「ケース記録」に反映されていなければ、伝言ミスが生じる可能性があります。「家族からの伝言」と「対応と時刻」の欄を設けることで、他の介護スタッフと情報を共有しましょう。

ポイント6 利用者観察欄と介護スタッフのコメント欄を分ける

　「ケース記録」の文章欄には普段と違う利用者の様子やそれに連なる介助・介護などを記載しますが、ときにはそれらと併せて介護スタッフのコメントも記載されます。介護スタッフのコメントの多くは貴重な気づきや今後の改善策の元となるものなので、文章のなかに埋もれさせないほうがよいと思います。1人の気づきを他の介護スタッフと共有するために、コメントは別欄に分けて記入しましょう。

「生活記録表」を合体させた「統合型ケース記録」（デイサービス用）

この用紙をたたき台に、「ケース記録」をカスタマイズしてみませんか？　そして、使いながら、どんな項目が必要か、何が必要でないかを検討し、現場スタッフにとって本当に使いやすい「ケース記録」を作り上げていきましょう。

Part 2　どんな用紙に何を書くの？

統合型ケース記録

○○年　○月　○日　○曜日

利用者名	性別	年齢	要介護度		独居
（□□ ▽エ） □□ ▽江	男・**女**	87歳	1・**2**・3・4・5 （認知症症状／**軽**・中・重・なし）		独居 **同居**

慢性疾患	疾患名	高血圧、糖尿病、乾燥肌		
	薬　種類	一括分包	乾燥肌用軟こう	
	用法	朝夕食後	入浴後	

バイタル （9：30）	血圧	脈拍	体温	（定期）体重
	上：127 下：79	74	36.9℃	

利用者の様子 （表情やあいさつ 動作の有無）	来館時	喜・怒・悲・恐・嫌・穏・**無表情** あいさつ動作（有・**無**）
	退館時	喜・怒・悲・恐・嫌・**穏**・無表情 あいさつ動作（**有**・無）

家族からの伝言	預けてある上履きを洗いたいので、今朝もたせた靴と交換してください。	対応	時刻
		未・**済** ・継続	9：15

利用者の体調 不良／ケガなど	看護スタッフ への連絡	**有**・無	時刻	11：30
	特記	微発熱⇒回復（右ページのケース記録を参照）		
	医療機関の受診	有・**無**		
	ご家族への連絡	**有**・無		
	担当	△△　○子		

備考
連絡帳にて「午前中、37℃の微熱と少しの寒気があったため入浴を中止。
午後は平熱に戻りお元気になった」旨をご家族に伝言。

時刻	排泄
8：00	
9：00	
（来館）	
10：00	
	30
11：00	
12：00	00
13：00	
14：00	05
15：00	
16：00	00
（退館）	
17：00	
18：00	
19：00	
20：00	

062

下記の「統合型ケース記録」はWebからダウンロードすることができます。
詳しくは005ページをご覧ください。

記入者：△△ ○子

入浴	リハビリ	食事／おやつ	服薬	実施レク	ケース記録	介護スタッフコメント
				体操		
なし		7/10	なし		少し寒気がするとのことだったので入浴を中止した。看護スタッフに連絡。熱は37.0℃、咳もなかったので、経過観察。軟こう中止。	
				風船バレー	自分から「やってみる」と言うので、レクに参加。本人は「もう寒気はしない」とのこと。	
		10/10			他の利用者とおしゃべり。熱を測ると、36.7℃だった。	レクで体を動かしたので、血液の循環がよくなって体調が戻ったようだ。

Part2のまとめ

広義の介護記録の主な記載内容

- **ケアプラン（介護サービス計画書）**：介護サービスのトータルプラン
  - 第1表…利用者（および家族）の意向や総合的な援助方針などを記載
  - 第2表…利用者が抱える課題やその解決目標、サービス内容などを記載

- **介護計画書**：ケアプランとリンクさせて各事業所や施設が作成する介護プランで、ケアプランより具体的に記載

- **ケアプランと連動する主要文書**
  - アセスメント表：利用者が困っていることを洗い出して記載
  - モニタリング表：サービス内容がプランとズレていないかを判定して記載

- **フェイスシート**：利用者の基本情報とサービス利用に至る事情などを記載

- **サービス提供記録**：訪問介護でのサービス内容と利用者の様子を記載 ┐

- **生活記録表**：利用者のバイタル、食事、排泄などのチェック ┤ 狭義の介護記録

- **ケース記録**：利用者の様子や介護の実態を記載 ┘

- **事故／ヒヤリハット報告書**：再発防止のために事故やヒヤリハット事例を記載

- **業務日誌**：事業所や施設を運営管理するために業務の概要を記載

- **統合型ケース記録（改良モデル）**：使いやすい「ケース記録」を作ってみましょう

Part 3

どんなことを書いたらいいの？

—— よりよい記録を書くための観察の「着眼点」 ——

****

「介護記録（ケース記録やサービス提供記録の自由欄など）」を書くときに必要なのは「着眼点」、つまり、利用者の様子や異変を観察するときの目のつけ所です。このPartでは、その着眼点を整理するためにシーン別のポイントを紹介します。記録すべき事柄は、忘れないようにその場その場でメモしておきましょう。そして、利用者を観察するときの「着眼点」をより的確なものにするために、利用者の立場に立って「どうしてほしいか」、「何をしようとしているのか」を具体的にイメージしてみてください。

食事シーンの着眼点
——利用者の心理と身体機能に着目する

> 食事のシーンでは、利用者の心理と身体機能に着目して観察しましょう。

食べているときの様子や量で体調チェック

　食事をしているときの様子や食べた量には、利用者の体調や精神状態が現れるものです。楽しそうに食べていたか、嫌そうに食べていたか、食事中におなかが痛いようなそぶりはなかったかなどを観察し、普段と違う様子があれば記録しましょう。

　食べた量については「生活記録表」に記録します。必ず何割か残す利用者は食事量が多すぎる場合もあるので、食事量を減らすことも視野に入れ、その旨を「ケース記録」に書いておくのがいいでしょう。いつもより食べた量が極端に少ない場合も書いておきます。糖尿病薬を服用している利用者では、そうした日に低血糖発作を起こすといったこともあるので注意が必要です。なお、おかずをよく残すことがある利用者の場合、残すものがいつも硬いものだったり、同じものだったりする場合は、入れ歯の具合が悪かったり、どうしても食べられないものがあったりするのかもしれません。食事内容の変更も視野に入れ、量だけでなく、食べ残しの内容にも留意し、同じようなことが続く場合はチェックしておきましょう。

食べ方で身体機能のチェックも

　食べ物をこぼすことが多ければ手指の動きが悪くなっているのかもしれません。頻繁な場合は記録しておきましょう。箸の使い方なども併せて見てみると、様子がわかるかもしれません。うまく食べられず食事中に介助したら、それもチェックします。

　高齢者の場合は、嚥下がうまくできているかを観察することも非常に重要です。食事内容や食べ方を変更する必要がある場合も視野に入れて、せき込んだりむせたりすることがたびたび起こるようなら、その旨を記録します。

食事シーンの主な着眼ポイント

食事については、「食べた量と残した内容」や「食べているときの様子」を着眼ポイントとして観察を行い、その結果を「介護記録」に記入しましょう。

食べた量と残した内容

- 食べた量や水分量に大きな変化はないか？（量については生活記録表の該当欄に記入）
- 硬いものや特定のものを残す傾向がないか？

食べているときの様子

- 楽しそうに食べていたか？
- いやいや食べていなかったか？
- 食事中に苦しそうな様子はなかったか？
- 食事中におなかが痛そうな様子はなかったか？
- 食べ物を頻繁にこぼさなかったか？
- 食事中に介助が必要だったか？
- 食事中にせき込んだり、むせたりしなかったか？
- おかずを手づかみで食べるなど、普段と違う食べ方をしなかったか？

記入例

- Aさんが昼食をほんの少ししか食べなかった。「いつもはもっと食べるのに、どうしたんですか？」と聞くと、「入れ歯の具合が悪い」とのこと。経過を観察するとともに、ご家族への連絡帳に入れ歯のことを記載した。
- 昼食のとき、Bさんがスープを飲みづらそうにしていた。食べているうちに体が椅子の座面からずり落ちたのが原因のようだったので、介助して体を起こした。そこからは楽に食べていた。

排泄シーンの着眼点
――観察時には利用者のプライドにも配慮する

> 排泄は介護のなかでも多くの労力がかかる仕事ですが、利用者のプライドに配慮し、利用者の言動や表情に注意しましょう。

排泄内容と排泄時の様子で健康管理を

　排尿や排便の回数は、「生活記録表」に書き込みます。便の状態に異常（便秘気味のコロコロ便や下痢便、血便など）が確認されたり、トイレに行く間隔が通常と違って短すぎたり長すぎたりする場合も「ケース記録」に記入します。利用者の健康に直接かかわるようなこうした情報は、看護スタッフと共有することが大切です。また、認知症や身体機能の低下から排泄時に介助（衣服の上げ下ろしや排便後のふきとりなど）したときは、排尿排便時の利用者の表情や動作に苦しそうな様子がなかったかどうかにも注意を払いましょう。

排泄コントロールと前後の言動や様子にも注意が必要

　認知機能や身体機能に低下がみられる利用者には、トイレ前後の言動や様子にも注意を払う必要があります。トイレに行くまでに失禁していたか、自分からトイレに行くと言えずにそわそわしていたか、尿意や便意を感じているか、排泄コントロール（尿意や便意をがまんすることができる）はできているかなどをよく観察し、普段と違うことがあれば「ケース記録」に記入します。また、トイレから出てきたあと、認知症の利用者では、手指に便が付着していたり、ふきとった紙をそのままもってきたりすることがあります。いつもと違う言動があれば、「ケース記録」に記入しましょう。

　排泄にかかわる介護には苦労が多いと思います。ですが、利用者も排泄には本源的な羞恥心をもっています。排泄後の一見奇異で不衛生な行動は、物忘れと羞恥心が混在して起きているのかもしれません。新人介護スタッフのみなさんは、利用者のプライドを尊重する気持ちをもって介護に臨んでください。

排泄シーンの主な着眼ポイント

排泄については、「排泄の内容」や「排泄の様子や前後の行動」を着眼ポイントとして観察を行い、その結果を「介護記録」に記入しましょう。

排泄の内容

- 尿や便の回数チェック
- 尿や便の量、色、形状は？
- 血尿や血便などの異常はないか？

排泄の様子や前後の行動

- 排尿の間隔が極端に短い？（トイレに行ったことをすぐ忘れる、膀胱炎など）
- 排尿の間隔が極端に長い？（尿意を感じない、脱水症状など）
- 支えなしで便座に腰かけていられるか？
- 排泄中の表情や様子はどうだったか？
- 尿意や便意が自覚できているか？（様子で介護スタッフが察したか？）
- 排泄コントロールはできているか？（尿意や便意をがまんすることができるか？）
- 排泄後に手指に便がついていたり、ふいた紙をもってきたりしなかったか？

記入例

- Tさんが緩めの便をした。昼食のメニューを確認するとともに、看護スタッフにも連絡して経過観察。その後に排便はなかった。
- Yさんがトイレに行く途中で失禁。前にも1回同じようなことがあった。（コメント）トイレ誘導の声かけを早めにするだけでなく、パットの使用も検討する必要がある。

記録文では「事実」と「意見（コメント）」を明確に分けるのが大原則。

入浴シーンの着眼点
―― 見守りつつ全身の状態をチェックする

> 入浴時は、利用者の身体の状態を知る数少ない場面です。事故がないよう気をつけながら、全身の状態をチェックしましょう。

気持ちよくお風呂に入ってもらうことが第一

　入浴の介助では、安全を考えながら、利用者に心地よくお風呂に入ってもらうことを第一に考えます。喜んでお風呂に入ろうとしているか、嫌がっているか、入浴を嫌がる理由は何か、浴槽のなかでの様子はどうか、入浴中に体調の変化はなかったか…。「Aさんは気持ちよさそうな表情を浮かべて、深く息を吐きながら湯船に浸かっていた」などという記録も、入浴時の利用者の様子がわかるのでよいと思います。一方で、気になる点や普段と違うことがあれば、必ず「ケース記録」に記入しましょう。
　それとともに、外見に皮膚の異常や打撲の跡がないかなど、利用者の全身状態を観察し、異常があれば「ケース記録」に記入しましょう。洗い場では、体や頭をどの程度まで自分で洗えるかを観察し、介助が必要ならサポートします。その日に限って介助が必要だったということがあれば、"その日に限って"という部分も記録します。

脱衣場でもさり気なく様子を観察する

　多くの事業所や施設では、入浴前にバイタルを測定しています。バイタルを測るだけでなく入浴前の利用者の様子にも気を配るようにすれば、よりきめ細かな体調管理を行うことができます。バイタル測定では把握できないふらつきなどがあっても、利用者本人が訴えることができない場合は介護スタッフが気づくしかありません。ふらつきがあると浴室に入ってから転倒する恐れもあるので、入浴前の観察は重要です。
　また、脱いだ下着が失禁などで汚れていないか、何日も同じ下着を着けていないかなども、さり気なく確認します。何らかの対応が必要な場合は、対処までの経過を「ケース記録」に記入しましょう。

入浴シーンの主な着眼ポイント

入浴については、「入浴前後の様子」や「入浴中の様子」を着眼ポイントとして観察を行い、その結果を「介護記録」に記入しましょう。

入浴前後の様子

- バイタルに異常はないか？
- ふらつきなどの異常はないか？
- 入浴を拒否していないか？
- 入浴を拒否している場合の原因は何か？
- 自分で服が脱げたか？
- 下着に特段の汚れはないか？
- 入浴後にひどく疲れた様子はないか？
- 自分で服が着られたか？

入浴中の様子

- 気持ちよさそうに浴槽に入っていたか？
- 自分で体を洗ったか？
- 自分で頭を洗ったか？
- 何か介助が必要だったか？
- 浴室で足を滑らせなかったか？

記入例

- 認知症の症状があるHさんの洗髪を介助した。耳のうしろが汚れていたので、「耳のうしろもよく洗っておきますね」と声をかけると、Hさんは「ありがとう」と言って微笑んでくれた。
- 最近足の筋力が弱くなってきたGさんが、手すりを使わないで浴槽に入ろうとした。「危ないので手すりを握って入りましょう」と声をかけると、Gさんはすぐに「ああ」と納得して手すりを握ってくれた。

更衣シーンの着眼点
―― 機能低下の兆候に注意する

> 認知機能や手足などの身体機能が低下してくると更衣の動作に現れやすくなるので、しっかり観察しましょう。

更衣の動作に手足の衰えが現れる

　老化によって手足が衰えてくると、洋服の着脱に困難を感じるようになります。普段と違って介助が必要な様子が見てとれたら、「ケース記録」に記入しておきましょう。

　立って洋服を脱ぎ着するのがむずかしいか、シャツやブラウスのボタンの留め外しがうまくできるか、座っている姿勢でかがんで靴下をはくことができるか…。洋服の着脱時には、ころんだりしないように椅子に座って脱ぎ着してもらうなどの工夫をしながら、利用者の自立を妨げない範囲で適切なサポートをしましょう。

更衣シーンで表面化しやすい初期認知症

　洋服の着脱は1人でできる利用者でも、何を着るかやどう着るかに問題があることがあります。これは、初期認知症の現れと考えられるため、注意して観察し、普段と違うことがあれば記録しておきましょう。スタッフどうしで情報共有することが、その後、認知機能の低下が進んだときのケアに役立ちます。

　同じようなブラウスを何枚も重ねて着ていたり、夏なのに冬物のセーターを着ていたり、服を後ろ前や裏返しに着ていたり等、更衣に関して違和感を覚えることがあれば、「ケース記録」に記入しておきましょう。ただ、更衣に関する利用者の行動についてどこまでサポートしたり指摘したりするかについては、他のスタッフと話し合ってから決めるほうがよいでしょう。特に家族と同居している場合の対応の加減と助言には、介護疲れの家族をサポートする意味でも工夫が必要です。

更衣シーンの主な着眼ポイント

更衣については、「更衣の動作」や「更衣への理解」を着眼ポイントとして観察を行い、その結果を「介護記録」に記入しましょう。

更衣の動作

- ボタンの留め外しはできているか？
- ズボンの着脱が1人でできているか？
- タイツや靴下の着脱が1人でできているか？
- 立ったまま洋服が着られるか？

更衣への理解

- 自分の着るものを自分で揃えられるか？
- 下着や洋服を着る順番がわかっているか？
- 洋服のコーディネートにおかしいところはないか？
- 季節にあった洋服を着ることができているか？

記入例

- 脱衣場で、入浴を終えたTさんが、裸のまま着替えを並べて「何を着るの？」と立ちすくんでいた。着る順序がわからない様子だったので、洋服を着終わるまでサポートした。（コメント）今後も見守りと介助が必要だ。
- Yさんが、ブラウスのボタンがうまく外せずにイライラして引っ張ろうとしたので、声をかけて外す手伝いをした。ボタンを留めるときもだいぶ時間がかかっていた。（コメント）今後は自立を阻まない程度の介助が必要だと感じた。

室内の歩行・移動シーンの着眼点
―― 1人ひとりの状況を見極める

> 介護サービスを利用する高齢者の歩行・移動の能力はさまざまなので、観察によってどの方法が一番適切なのかを判断しましょう。

移動能力の見極めが大切

　介護サービス利用者の移動の方法はさまざまです。自立して歩ける人、要所要所で手を貸せば何とか自立歩行ができる人、手すりなどを使って伝い歩きをする人、杖を使えば歩ける人、歩行器を使って歩く人、車椅子を自分の手足で動かして移動する人など、移動の能力は個人差が非常に大きいのが特徴です。

　介護スタッフは、利用者の能力を見極めながら、本人ができるだけ自立して移動できるように支援することを第一に考えなければなりません。移動能力を見極めるには、ていねいに観察し、本人の意見もよく聞くことが大切です。歩行に必要な体力や筋力、歩行に対する本人の意欲などを考慮しながら能力を見極めます。訪問介護であれば、移動能力が十分に発揮できるよう室内環境を整備することも必要です。

現在の移動方法が適切かどうかの判断も重要

　移動を適切に支援するためには、その利用者が現在行なっている移動手段は最適なのか、危険はないか、今使っている福祉用具は移動に適しているのか、などを見極める必要があります。

　歩行器と言っても車輪などがついているものや、コの字型のアームタイプのものなどいろいろあり、同じ杖でもT字杖や4点杖などといったものもあります。利用者が自分の筋力や体力に適さない福祉用具を使っていたら、かえって危険です。利用者の意見をよく聞き、その用具が自分に適しているかどうか利用者自身が判断できそうにない場合は、他の介護スタッフとも相談しながら、どの用具が最適なのかを代わりに判断するようにしましょう。

屋内の歩行・移動シーンの主な着眼ポイント

屋内の歩行・移動については、「福祉器具を使っていない場合」や「福祉器具を使っている場合」を着眼ポイントとして観察を行い、その結果を「介護記録」に記入しましょう。

福祉器具を使っていない場合

- 自立歩行しているが、ときどきふらついて体が斜めになったりしていないか？
- 歩幅が小さくなっていないか？
- その利用者にとって今ある手すりの高さや位置は適切か？
- 歩くのを嫌がっていないか？

福祉器具を使っている場合

- 車椅子や歩行器などを積極的に使って自分の行きたい場所に移動しているか？
- 歩行器のタイプは利用者に適しているか？
- 杖の使い方は正しいか？
- 車椅子の使い方は正しいか？

記入例

- Jさんの歩行介助は、いつもは介護スタッフが正面から両手を軽くもって後ろにゆっくり下がりながら行なっている。しかし、今日はJさんが「なんだか怖い」と不安がったので、真横に並んで腰に手を回して支えてみたら、「このほうがいい」と、とても安心した顔をして歩いてくれた。
- 今日から杖をアームタイプの歩行器に変更したDさんの様子を観察。腕が細く力が弱いDさんは歩行器を扱うのが大変そうで、本人も「重い」と言っていた。（コメント）継続して様子を見る必要がある。

認知症ケアシーンの着眼点
――言動の裏にある気持ちを察する

> 物忘れが原因の勘違いなどから、思わぬ言動が飛び出すことがあります。認知症のケアには想像力も大切です。

認知症の症状とケアは二人三脚

　認知症の主な症状は記憶力の低下ですが、物忘れが遠因となって急に激怒したり思わぬ行動に出たりすることがあります。認知症の観察では、利用者の認知症の症状や言動を、突き放したように「Aさんはこんなことをした」、「理解不能なことを言った」と記録してもあまり意味がありません。利用者に認知症の症状が出たときは、必ず何らかのケアが行われなければなりません。認知症の症状があれば、そこにはケアがある。この2つは二人三脚なのだと考えてください。

不安に寄り添うケアを

　新人介護スタッフのみなさんは「どういう対応をしたらいいかわからない」かもしれません。それなら、とりあえず「大丈夫ですよ」と声をかけるだけでもいいのです。認知症の利用者は絶えず不安と闘っています。初期・中期の認知症ならなおさら。たった一言でも不安に寄り添う言葉があれば、利用者の気持ちが和らぐ可能性があります。

　「フェイスシート」を読んで利用者の生活史からヒントを得るのもいいでしょう。利用者の人格の底には、自信をもって自分を肯定して生きていたころの記憶が眠っているはずです。今現れている認知症の症状にばかり気をとられず、できるだけ底に眠っている「自分を肯定していたころの記憶」を刺激してあげてください。子どものころに住んでいた町、会社に勤めていたときの自信にあふれた自分、食べざかりの子どもを育てた料理の腕前など、刺激されて顔を出した記憶の断片は、今そのときの利用者の気持ちを引き立て、現在の生活をよい方向に向かわせます。認知症というハンディを負っている○○さんは、「認知症の○○さん」ではないのです。

認知症ケアシーンの主な着眼ポイント

認知症ケアについては、「物忘れ」や「言動」を着眼ポイントとして観察を行い、その結果を「介護記録」に記入しましょう。

物忘れ
- 朝を夜と、夜を朝と勘違いしていないか？
- 常時利用しているデイサービスなどのサービスについて、利用していることを忘れていないか？
- 自分が今どこにいるか忘れていないか？
- 季節がよくわからなくなっていないか？

言動
- 家に帰りたがっていなかったか？
- 玄関から外に出て家に帰ろうとしていなかったか？
- 急に怒りだしたりしなかったか？
- 落ち着かない様子はなかったか？
- 見え透いた言い訳ばかりしていなかったか？

「ここはどこ？」

「かえるよー」

記入例

- Kさんが「私寂しいの」という言葉を何回も繰り返しながら、私の手を握って離れようとしなかった。私が「私も寂しいときがありますよ」と言ってKさんの目を見て微笑むと、Kさんは笑顔を見せて私に手を振って離れていった。
- 認知症のPさんは非常に激怒しやすい利用者だ。大企業の部長をしていたということなので、半月くらい前から「部長さん」と呼んで丁重に意見を伺うようにしていた。このところかなり言動が落ち着いている。

生活援助シーンの着眼点
―― 援助内容の適切性を判断する

> ホームヘルパーが利用者の生活支援を行う際には、生活援助を利用している事情を知り、援助内容が適切かどうかを判断しましょう。

訪問介護サービスを利用している事情を把握する

　訪問介護サービス（身体介護と生活援助）を利用する高齢者には、さまざまな事情があります。「脳梗塞を起こした夫に後遺症があり、その介護に当っていた妻の負担が大きいことから夫の身体介護を頼んだ」という高齢のご夫婦、「妻が亡くなったあとマンションから外出する回数が減り、そのために他人との交流もなく家事にも困難を感じて生活援助を利用している」という一人暮らしの高齢男性などです。身体介護については、ほかの着眼ポイントで紹介しているので、ここでは生活援助（掃除、洗濯、調理、衣服の整理、生活必需品の買物、薬の受けとりなど）に関する着眼ポイントを見ていきましょう。

現在の生活援助サービスが利用者に適しているかを判断する

　大切なのは、その生活援助が利用者の生活に適しているか、つまり、その援助が十分に利用者の支援になっているかを判断することです。生活援助の回数や内容は、実際に生活援助がスタートしてみないと適切かどうかわからない場合もあります。ケアマネジャーも定期的に利用者や家族に聞きとりをしますが、実際に現場で働いているホームヘルパーの観察のほうが力を発揮することもあります。洗濯物の溜まり具合や台所の使用形跡、利用者の様子や表情、ちょっとしたグチやたわいない会話から、現在、利用者が何に困難を感じているかを推察しましょう。場合によっては、「ケアプラン」の見直しが必要になるかもしれません。また、家事の支援をしながら利用者のグチを聞くだけで、利用者の困難感が薄れることもあるでしょう。状況を見極め、利用者の生活を大きな意味で支援できるようになるのが理想です。

生活援助シーンの主な観察ポイント

生活援助については、「利用者の様子」や「家のなかの様子」を着眼ポイントとして観察を行い、その結果を「介護記録」に記入しましょう。

利用者の様子

- 生活援助のサービスをどんな理由で受けているか？
- 利用者の精神状態はどうか？
- 利用者が生活に感じている困難はどんなことか？
- 利用者が自分でできることは何か？
- サービスの効果は出ているか？

家のなかの様子

- 洗濯物が溜まっていないか？
- 訪問介護以外のときにちゃんと食事をとっている様子か？
- 家のなかに危険な場所はないか？
- 家事を行う最低限の道具は揃っているか？
- 家族や近所の人たちとの交流はあるか？

記入例

- Uさんのお宅のリビングの床に新聞やチラシが散乱していた。床に放置してしまうと、その上を歩いたときに滑りやすく危ないので、新聞類は用意したプラスチック籠に入れてもらうように、Uさんにお願いした。
- 週2回の訪問介護でPさんのお宅に行くと、洗濯物が山のように積まれ、部屋にもゴミが散乱していた。半年前に奥さんを亡くしたPさんは「最近は何もする気が起きない」と表情も沈みがちだ。（コメント）訪問介護の回数を増やすとか別のサービスを加えるなど、上司に相談してみよう。

送迎シーンの着眼点
――利用者と家族とのやりとりを観察する

> デイサービスやショートステイの送迎時に利用者と家族とのやりとりを観察することで、課題解決のヒントが得られる可能性があります。

送迎時の様子から利用者の困り事を見つける

　デイサービスやショートステイの送迎時は、利用者が今おかれている状況や家族との関係が垣間見える貴重な機会です。小さな出来事から見える困難はさらに大きな困難から発しているのかもしれないので、そのような奥行きも想定しながらしっかり観察することが大切です。

　利用者が家から出てきたときに、利用者の服装などの外見が普段と変わっていないかを観察しましょう。なかには、パジャマに上着を着て出てくる利用者や、身の回りで目についた物を適当にかばんに詰め込んで家から出てくる利用者もいます。認知症の症状が現れているのか、あるいは家族との関係がうまくいっていないために出かける準備を手伝ってもらえないのか…。送迎時には、利用者が家庭で何らかの困難を抱えていないかを観察しましょう。

観察結果によってはプラン（「ケアプラン」や「介護計画書」）を見直す

　送迎時に利用者の困難が感じられたときは、プランの見直しが必要な場合もあるでしょう。利用者の心身の状態が悪くなって送迎時の利用者の様子が変化しているのかもしれませんし、家族が介護に疲れきって対応に苦慮している姿が送迎シーンに投影されているのかもしれません。

　介護サービスの種類や内容を変更したり、プランの目標を見直したりするには、その根拠となる介護記録が必要です。新人介護スタッフのみなさんも、利用者がよりよい生活ができるよう、常に困り事を見つけ出すつもりで送迎時の利用者の様子を観察しましょう。

送迎シーンの主な着眼ポイント

送迎については、「迎え」や「送り」を着眼ポイントとして観察を行い、その結果を「介護記録」に記入しましょう。

迎え

- どんな服装をしていたか？
- スタッフのあいさつや声かけに反応したか？
- 利用者および家族の表情は？
- 家族は一緒に外に出てきたか？
- 持ち物は準備されていたか？
- 家から出てくるまで時間はかからなかったか？
- 乗車時に危険はなかったか？
- 車中で他の利用者と話をしていたか？

送り

- 車中で他の利用者と話をしていたか？
- 車を降りてから、他の利用者に手を振ったり会釈したりなど、別れのあいさつはあったか？
- 家族は外まで出てきたか？
- 家族の様子はどうだったか？
- 降車時に危険はなかったか？

記入例

- デイサービスのお迎えのとき、Nさんが1人で門の前に立っていた。荷物は準備されていたが、ご家族は外に出てこなかった。Nさんに「おはようございます」と声をかけるが無表情で返事なし。（コメント）家族との間に問題がないか、継続して見守る必要がある。
- デイサービスのお迎えで一人暮らしのMさんのお宅に行くと、Mさんが出てきてやっとデイサービスを思い出した様子。他の利用者の家を回ったあと、再度Mさんのお宅を訪ねて車に乗ってもらった。Mさんには当日の朝に必ず電話で確認することにした。

レクリエーションシーンの着眼点
——元気になる工夫をする

> レクリエーションについては、利用者の元気を呼び起こすような工夫をしましょう。

利用者の好みを見つけることが大切

　デイサービスや入所施設では、利用者を楽しませる各種のレクリエーションを行なっています。演劇やコーラスなどのボランティア訪問も多いでしょう。すべての事業者がバラエティーに富んだ多くのレクリエーションを実施しているわけではありません。しかし、レクリエーションの数が限られていたとしても、現場の人たちは少しでも楽しい時間を利用者に提供したいと努力しているはずです。

　利用者の好みは多種多様であり、他の利用者と一緒になって全身を使うゲームが好きな利用者もいれば、習字をしたり絵を描いたりすることが好きな人もいるでしょう。大事なのは、利用者が何に興味をもったかを把握すること。利用者の表情や言動をよく観察し、生き生きした様子が見られたら、そのことも記録しておきましょう。

レクリエーションをコミュニケーションのきっかけに

　そうは言っても、どんなレクリエーションにも熱中しない利用者はいます。声をかけて誘っても、輪に入らないこともあると思います。すべての利用者1人ひとりに興味あるレクリエーションを提供するのはむずかしいかもしれません。

　ただ、レクリエーションに興味がないと言っても、人との交流を頑なに拒否しているのでなければ、レクリエーションが他の利用者とおしゃべりをしたりするきっかけにはなるはずです。そうするには、利用者との会話の中身を工夫するなどして、ほかの利用者とコミュニケートすると楽しいと思えるような気持ちにしてあげることが大事です。利用者がどんな話題に興味を示すかを普段から観察して記録しておけば、利用者との会話にそのような話題をうまくとり入れることができるでしょう。

レクリエーションシーンの主な着眼ポイント

レクリエーションについては、「見て楽しむレクリエーション」や「自分で行うレクリエーション」を着眼ポイントとして観察を行い、その結果を「介護記録」に記入しましょう。

見て楽しむレクリエーション

- 紙芝居などにどう反応したか？
- ボランティアのコーラスにどう反応したか？
- 座っている姿勢がつらそうではなかったか？
- 途中で飽きなかったか？
- 演者からの声かけに反応したか？
- 終了後の様子はどうだったか？

自分で行うレクリエーション

- 利用者の動きはどうだったか？
- レク中に何かしゃべったか？
- 利用者はこのレクが好きか嫌いか？
- 利用者の表情はどうだったか？
- 利用者はいつもより活発な様子だったか？
- 興味がなさそうな利用者に声をかけたときの反応はどうだったか？

記入例

- Kさんは物静かで周りに気を使う穏やかな女性利用者だ。しかし、今日のミニボーリングでは次第に活発な様子を見せるようになった。「絶対勝つわ」と積極的な発言もあり、顔が上気してとても楽しそうだった。
- 紙芝居を見終わったとき、普段は無口なHさんが、「子どものころ、浅草で黄金バットをよく見たもんだ」と笑顔で話しかけてきた。（コメント）興味があるものなら多弁になることがわかり、今後の参考にしたいと思った。

慢性疾患のある利用者のケアシーンの着眼点
——事前の情報収集が肝心

> 利用者の病歴や治療経過などを事前に把握しておくことが、慢性疾患のある利用者をケアする第一歩です。

慢性疾患のある利用者のケアは事前の情報収集が出発点

　高齢者の多くは慢性疾患、つまり"持病"を抱えています。慢性疾患とは、高血圧、糖尿病、高脂血症、高尿酸血症（痛風）、気管支喘息、慢性閉塞性肺疾患／COPD（肺気腫など）などのように、症状がそれほど激しくない代わりに急速に快方に向かうことも少ない、慢性的な経過をたどる病気のことです。利用者は定期的に診察を受け、多くは日常的に治療や予防のための薬を服用しています。

　介護スタッフは利用者の日ごろの状態を把握していることが必要であり、慢性疾患のある利用者に対するケアも避けては通れません。もちろん、医学的な対処は看護スタッフや医師に任せなければなりませんが、介護スタッフは日ごろから利用者の服薬の手助けをしたりする立場にあるので、利用者に何か普段と違ったことが起きたときに、それが慢性疾患に起因している可能性を考えて看護スタッフや医師に知らせたりする程度の知識は当然必要となります。

慢性疾患のある利用者のケアでは看護スタッフや医師との連携が不可欠

　たとえば、「フェイスシート」に「気管支喘息」や「COPD」の記載があれば、薬の服用状況をこまめに確認し、利用者の体調の変化に早めに対応する必要があります。それらの疾患は風邪などの感染症によって病状が急激に悪化することもあるので、「風邪気味」を自己判断で軽く考えず、ていねいに経過観察をしながら看護スタッフや医師の指示を受けなければなりません。

　各慢性疾患はどういうものか、日常でどんなことに気をつけたらよいのか、どのようなアクシデントが予想されるかなどを、日ごろから理解しておきましょう。

慢性疾患のある利用者のケアシーンの主な着眼ポイント

慢性疾患のある利用者のケアについては、「利用者のケアに必要な情報」や「ケアの内容」を着眼ポイントとして観察を行い、その結果を「介護記録」に記入しましょう。

利用者のケアに必要な情報

- 介護スタッフに慢性疾患の基礎知識はあるか？
- 介護スタッフは利用者の「ケアプラン」や「フェイスシート」に記載された疾患について知っているか？
- 利用者はどんな薬を飲んでいるか？
- その薬はどんな作用があるのか？
- 疾患に適する食事が提供されているか？
- その病気に関する家族の意見は？

ケアの内容

- 普段と違った様子はないか？
- 苦しそうな様子はないか？
- 意識を失うことはなかったか？
- 体調不良で入浴などのスケジュールを中止しなかったか？
- 薬の飲み間違いはなかったか？

記入例

- Aさんが昼食を3割程度しか食べなかった。声をかけると「食欲がない」とのこと。Aさんは糖尿病の薬を飲んでいるので、食事を減らしたために低血糖発作を起こして意識を失うことがないか経過を観察し、何事もないことを確認した。
- Lさんがトイレに向かうとき、手すりを使わずに歩いて少しよろけた。Lさんには骨粗しょう症の持病があり、以前、転んで軽く手をついただけで手首を骨折したことがある。（コメント）歩行の際は介助が必要だと改めて感じた。

夜間見守りシーンの着眼点
──申送り事項に留意して観察する

> 夜間の巡回等では、申送り事項に留意しながら利用者の様子をよく観察しましょう。

利用者の睡眠の様子を観察

　夜間の観察は睡眠の観察が主となります。睡眠の邪魔をしないように注意しながらできるだけ利用者のそばに行き、熟睡しているか、ベッドから落ちそうになっていないか、寝息や寝汗はどうか、苦しそうにしていないか、咳は出ていないか、熱はなさそうかなどを観察します。業務日誌による申送りで昼間具合が悪かった利用者には特に留意し、巡回の間隔も他の利用者より短めにして見守りましょう。

　目を開けている利用者がいたら、様子を見て場合によっては驚かせないように声をかけます。「眠れない」などの訴えがあれば、利用者を安心させる働きかけをしてみましょう。

　なお、巡回時間の記録はもちろんのこと、利用者に変わったことがあれば、その様子だけでなく観察時刻を必ず記録しましょう。

なぜ起き出すのかをよく観察

　夜間にベッドから起き出して廊下に出てくる利用者もいます。トイレに行くために起きたのか、朝だと勘違いして起きたのか、おなかが痛くて起きたのか、家に帰ろうとして起きたのかなど、利用者によってその理由はさまざまです。

　初めてトイレに起きたのか、たびたびトイレに起きているのか、たびたびトイレに行くのは眠れないためか、それとも頻尿気味なのか…。トイレ1つとっても理由はいろいろあります。声をかけて利用者の返事も聞いてみましょう。また、夜になると決まって精神が不安定になる利用者もいます。よく夜間に家に帰りたがったり、興奮したりする利用者については、チーム全体で話し合って対応を決めておきましょう。

夜間見守りシーンの主な着眼ポイント

夜間見守りについては、「睡眠の状態」や「起き出した状態」を着眼ポイントとして観察を行い、その結果を「介護記録」に記入しましょう。

睡眠の状態
- 目をさましていないか？
- 寝息（息づかい）はどうか？
- 寝汗をかいていないか？
- ベッドから落ちそうになっていないか？
- 咳や発熱、苦しそうな様子はないか？

起き出した状態
- 廊下などを歩いていないか？
- トイレに頻繁に行っていないか？
- 帰宅願望や不安感などの訴えはないか？
- 興奮状態になって大声を出していないか？

記入例

- 夜中の2時ごろ、ショートステイで泊っているTさんが、洋服に着替えて居室から出てきた。「まだ朝ではないですよ」と声をかけると、びっくりした顔をしたが、一緒に居室に行ってパジャマに着替えるのを手伝うと、何事もなかったようにまた眠ってくれた。

- 巡回時、Yさんがベッドの中でぼんやりと目を開けて天井を見ていた。「眠れないんですか？」と声をかけても、「あ」と言うだけではっきりした反応はなかった。額に手を当てると熱はない様子。30分後にまた見に行ったら、今度は穏やかな寝息を立てて眠っていた。

ヒヤリハットシーンの着眼点
──原因追究が事故予防の要(かなめ)

> 事故を予防するために、ヒヤリハットの状況をきちんと「介護記録」に残しましょう。事前に危険箇所を確認することも忘れずに。

ヒヤリハットは「ケース記録」や「サービス提供記録」にも記入する

　ヒヤリハットは報告書に書くので、「ケース記録」や「サービス提供記録」には残さなくていいと言う人もいますが、そんなことはありません。Part 2でも述べたように、「ケース記録」や「サービス提供記録」の記述のなかから事故防止に有用なヒヤリハットをピックアップして報告書に記載するのが基本です。

　報告書には、少しでも事故につながる要素がある事象はすべて記録すべきです。そして、そのヒヤリハットはどんな状況で起きたのか、どこに原因があったのか、再び同じようなヒヤリハットが起きないためにはどのような対策・心得が必要か、といったことをていねいに記述しましょう。

ヒヤリハット予防には普段の状況観察が大事

　ヒヤリハットを記録して事故防止に役立てることは非常に重要ですが、本来はヒヤリハットになる手前で食い止めるのが理想的です。それには、普段から危険な箇所を見つけ出す努力が必要。自分が足の弱い利用者のつもりになってみる、周囲を見る範囲が狭い利用者のつもりになってみる、力の弱い利用者のつもりになってみるなど、想像力を働かせて周囲の環境を別の目で眺めてみましょう。そして、危険な状況が見つかったらすぐ対処し、日誌などに記録しましょう。

　事故を防止するためにはヒヤリハットの検証が必要であり、そのヒヤリハットを防ぐには日常の危険回避策を検証する必要があります。「危険」は早期発見・早期対処が重要です。日常生活には多くのトラップ（わな）が潜んでおり、それを見つける仕事は、現場のことをよく知る介護スタッフの得意分野ではないでしょうか。

ヒヤリハットの主な着眼ポイント

ヒヤリハットについては、「発生時の利用者の様子」や「発生時の周辺の様子」を着眼ポイントとして観察を行い、その結果を「介護記録」や「ヒヤリハット報告書」に記入しましょう。

発生時の利用者の様子
- どんな表情をしていたか？
- 痛みなどの訴えはあったか？
- 発生してから利用者の様子はどう変化したか？
- 利用者は自ら原因を説明したか？

発生時の周辺の様子
- どこで発生したか？
- 発生時の利用者の周りの状況はどうだったか？
- 他のスタッフや利用者で目撃した人はいないか？
- 予想される原因は何か？

記入例（ケース記録）

- 配膳用のワゴンを押して廊下を曲がろうとしたところ、杖をついているPさんと危うくぶつかりそうになった。原因は、私が廊下を内回りで曲がろうとしたことにある。（コメント）今後、廊下を曲がるときは、大回りして曲がる先の状況を確認しながらゆっくり進まなければならないと反省した。
- レクリエーションでミニボーリングをしたとき、ボールを投げて後ずさりしたBさんが、すぐ後ろにいた車椅子のUさんとぶつかりそうになった。（コメント）利用者の動線を考えて利用者どうしの安全を図るのは介護スタッフの責任だ。利用者の位置関係をもっとよく観察しなければと思った。

事故シーンの着眼点
――事故の状況・原因・責任の所在を明らかに

> 事故の記録を書く際には、事故の状況を明確にする視点、再発を防止する視点、責任の所在を明確にする視点が大切です。

原因を見極めて再発を防止する

　事故の状況を明らかにし、事故の直接的な原因を究明するだけでは、再発防止策が不十分なものになる恐れがあります。直接原因の裏に、それを誘発した間接原因が隠れている可能性があるからです。

　たとえば、施設の利用者が夜間に談話室の椅子から立ち上がるときに立ちくらみを起こして転倒したとします。介護スタッフがほんの少し目を離したこと、つまり見守りの不足が直接の原因と考えられます。しかし、昼間も風呂場で立ちくらみを起こし、そのことが「業務日誌」の申送り欄に書いてあったとしたら、それをきちんと読まなかったことが間接的な原因と言えます。多くの場合、間接原因が根本原因。事故について記録するときは、目に見える原因の一歩奥まで目を向ける習慣をつけましょう。

利用者と介護者双方のために責任の所在を明確にする

　事故の記録では、再発防止に向けた原因究明が大切ですが、もう１つ明らかにすべきことがあります。その事故が誰かの過失によって起こったものであれば、その責任の所在についても明らかにしなければならないのです。

　だからと言って、介護スタッフが「すべて私の責任です」と言えば済むわけではありません。そのような情緒的なものの見方は、事故報告ではむしろ「無責任」になってしまいます。責任の所在については、事故周辺の環境や状況を冷静に観察し、公平な目で客観的に書く必要があります。心身ともに弱い立場の高齢者は、一見、事故に多くの過失があるように見えるときがありますが、冷静に考えると介護の不足や不合理が事故を誘発していることが多いので、注意深く分析しましょう。

事故の主な着眼ポイント

事故については、「事故の状況と原因」や「責任の所在」を着眼ポイントとして観察を行い、その結果を「介護記録」や「事故報告書」に記入しましょう。

事故の状況と原因

- 事故現場の状況は？
- 直接の原因は何か？
- 元になる原因が何かあったか？
- 利用者単独の事故か？
- 事故時の利用者の体調は？
- 利用者に痛みなどの症状や外傷はなかったか？

責任の所在

- その利用者に関して何らかの申送りがあったか？
- 担当の介護スタッフは誰か？
- 介護スタッフに過失はあったか？
- 適切な応急処置がなされたか？
- 看護師や医師への連絡はすぐになされたか？
- 家族には連絡したか？

記入例（ケース記録）

- 入浴後、Rさんが1人で靴下をはこうとして脱衣場の床にじかに座ったところ、そのまま後ろにひっくり返り、頭を椅子の脚にぶつけた。Rさんを椅子に座らせて声をかけると、「大丈夫」と笑顔を見せた。看護師も「患部が少し赤くなっているが大事はないだろう」との意見だったので、経過を観察するだけにした。（コメント）Rさんは足腰が弱いので、着替えの際は椅子に座ってもらって見守るべきだった。

- フロアでガタンと音がしたので見に行くと、Wさんが横向きで床に倒れていた。声をかけると「手首が痛い」と。椅子から立ち上がって歩こうとしたときに、急に膝が痛くなって倒れてしまったそうだ。看護師に連絡しすぐに病院で診てもらうと、手首の骨にひびが入っているとのこと。ご家族にも連絡。（コメント）Wさんは変形性膝関節症を患っているので、目を離さないよう気をつけるとともに、ご家族と相談して歩行器などの利用も検討すべきだと思った。

Part3のまとめ

よりよい記録を書くための着眼ポイント

- **食事シーン**：心身の状態を知るために、食べた量や残した内容、食べているときの様子をよく観察する
- **排泄シーン**：健康状態や身体・認知機能を知るために、排泄内容や排泄前後の行動を観察する
- **入浴シーン**：安全を確保しながら全身状態を観察する
- **更衣シーン**：身体・認知機能を知るために、更衣動作や更衣への理解をよく観察する
- **室内の歩行・移動シーン**：現在の移動方法が適切かどうかをよく観察する
- **認知症ケアシーン**：認知症の症状が現れたときは、ケアを行いながら観察する
- **生活援助シーン**：現在の援助内容が適切かどうかをよく観察する
- **送迎シーン**：送迎の機会に、利用者の暮らしに問題がないか観察する
- **レクリエーションシーン**：レクリエーションを通じて利用者の好みやコミュニケーションのとり方を観察する
- **慢性疾患のある利用者のケアシーン**：日ごろから利用者の疾患を把握し、何かあったときは看護スタッフと連携して動けるようによく観察する
- **夜間見守りシーン**：睡眠の様子や起き出したときの様子を観察する
- **ヒヤリハットシーン**：ヒヤリハット時の状況と併せ、普段から生活環境をよく観察・点検する
- **事故シーン**：責任の所在を明らかにするとともに、再発防止のために根本原因を考える

Part 4

介護記録は**どのように書いたらいいの？**
―― 着眼ポイントを踏まえた注意点 ――

****

このPartでは、適切な介護記録を書くときに注意するべき10のポイントを示します。Part 3の着眼ポイントを踏まえて利用者を観察したあと、その結果を具体的にどう記録すればよいのかをポイント別に解説していきます。「悪い例」と「改善例」も併せて紹介しますので、それを参考にすれば、新人介護スタッフのみなさんも、自然に介護記録が書けるようになるでしょう。

「利用者の様子」「介護スタッフの行動」「介護スタッフのコメント」を区別して書く

> 日々の介護記録は、「介護スタッフの行動」と「利用者の様子」を記し、必要があれば「介護スタッフのコメント」も記載しましょう。

「利用者の様子」と「介護スタッフの行動」を主要素として盛り込む

「ケース記録」では、「利用者の様子」と「介護スタッフの行動」を主要な情報として記載します。

「利用者の様子」とは、介護サービスの具体的な出来事（食事、入浴、トイレ、レクリエーションなど）の際に利用者がどのような行動や反応をしたのかを意味します。この記録は、利用者の満足度を測る重要な情報であり、介護サービス向上の源にもなります。

　例：Pさんが談話室のソファーにそわそわしながら座っていて、大便の臭いがした。

一方、「介護スタッフの行動」とは、介護スタッフがどのようなサービスをどのように提供したかを意味します。「介護スタッフの行動」に関する記録が不十分だと、利用契約どおりのサービスが提供されたことが確認できなくなります。

　例：「シチューがズボンにこぼれたので、着替えましょうね」とKさんに言い、トイレに一緒に行ってはき替えを手伝った。

「介護スタッフのコメント」を必要に応じて記載する

「介護スタッフのコメント」とは、「利用者の様子」と「介護スタッフの行動」について何らかの問題が生じた場合や改善が必要と判断されたときに、単なる感想や意見ではなく、介護スタッフとしての知見を記述したものです。

　例：[コメント] Jさんは1ヵ月ほど前から、便失禁の回数が増えている。朝食後1～2時間くらい経ったときが多いので、朝食後30分くらいに声をかけてトイレに連れて行き、しばらく便座に座っていてもらうのがよいと考えられる。

「利用者の様子」「介護スタッフの行動」が具体的に記されていないケース

問題のある記録文の例

12：00　昼食時に一部手助けをした。特に問題はなかった。

問題点　利用者の様子が具体的に記されていない。手助け（介助）の具体的な内容が記されていない。

改善後の記録文の例

12：00　昼食時にスープのなかのマカロニがスプーンでうまくすくえずイライラしていた。そこで、スプーンをもつ手を軽く支えてすくい方を教えた。機嫌がよくなり、完食した。

改善点　利用者がどんな様子だったのか明確に記述されている。介護スタッフがどのように介助したのかが詳しく記述されている。

「介護スタッフのコメント」が適切ではないケース

問題のある記録文の例

食事の介助をしているときに、Aさんがスプーンでシチューがうまくすくえなくてイライラしていた。[コメント] 利用者をイライラさせるのはよくないので、早めに手を添えるようにしたい。

問題点　介護者の気持ちが書かれており、客観性に欠ける。介護スタッフとしての知見が記されていない。

改善後の記録文の例

食事の介助をしているときに、Aさんがスプーンでシチューがうまくすくえなくてイライラしていた。[コメント] 利用者が何かができずにイライラしているときは、まず自分でできるようにアドバイスし、必要なら手助けをするようにすることで、主体性を尊重することが大事。

改善点　情緒的な記述が排除されており、「自分でできるようにアドバイスし、必要なら手助けをすることで主体性を尊重する」という知見が示されている。

「介護計画書」の内容を踏まえ、サービスの改善・向上を視野に入れて書く

> 日々の介護記録は、単なるサービス提供記録ではなく、介護向上サイクルの重要な要素なので、問題・課題を意識しながら記録を書きましょう。

「介護計画書」の目標や利用者・家族の希望に留意する

「ケアプラン」に基づいて、介護事業者はより具体的な「介護計画書」を作成します。現場の介護スタッフは、計画書に記載された「サービス提供内容」に基づいて日々のサービスを実施し介護記録を作成しますが、「総合的な援助の方針」、「利用者・家族の意向」、「介護の長期目標」、「介護の短期目標」などにも留意する必要があります。

「介護向上の小さなサイクル」を意識して書く

「介護向上の小さなサイクル」とは、「利用者の生活状況や介護サービスの効果をていねいに記録することで、利用者の身に起こったことを実感する」⇒「書かなければ見過ごしていたかもしれない事柄もしっかりと頭と体が覚える」⇒「利用者とのコミュニケーションのとり方やサービスの提供の仕方を改善しようという意欲が湧く」⇒「介護の中身が改善されていく」というものです。介護記録は、日々の介護を向上させるこの小さなサイクルを意識して書くことが必要です。

「介護向上の大きなサイクル」を意識して書く

「介護向上の大きなサイクル」とは、「アセスメント表」、「ケアプラン」、「介護計画書」、「日々の介護記録」、「モニタリング表」などの記録を活用して介護サービス全体を見直すサイクルのことを意味します。「介護計画書」のなかの「総合的な援助の方針」、「利用者・家族の意向」、「介護の長期目標」、「介護の短期目標」などの項目を意識していれば、「介護向上の小さなサイクル」で解決できない問題や課題を「介護計画書」の見直しを通じて解決することが可能になります。

「小さなサイクル」を意識して書いていないケース

問題のある記録文の例

何かをしゃべろうとしているが、なかなか言葉が出てこない。気持ちを推測して代わりに話して、介助を続けた。

問題点 介護計画書の「介護の短期目標」の項に「うまくしゃべれないため、相槌を打つなどしながら時間をかけて対話する」とあるのに、実践されていない。

改善後の記録文の例

何かをしゃべろうとしているが、なかなか言葉が出てこない。「介護の短期目標」を意識して、ゆっくり時間をかけて話を聞き、それに合わせて介助をした。

改善点 「うまくしゃべれないため、相槌を打つなどしながら時間をかけて対話する」という短期目標を意識した介助を実践していることがわかる書き方になっている。

「大きなサイクル」を意識して書いていないケース

問題のある記録文の例

最近、風呂で浴槽に入るのを嫌がることが多くなった。「介護サービス計画書」の「利用者・家族の希望」欄に、「母はゆっくりお湯に浸かるのが楽しみなので、シャワーではなく湯船に入れてあげてください」とあるので、なんとかなだめて浴槽に入ってもらった。

問題点 利用者の状況が変化して浴槽に入るのを嫌がるようになった可能性があるのに、状況の変化や本人の気持ちを把握・理解する姿勢が足りない。

改善後の記録文の例

最近、風呂で浴槽に入るのを嫌がることが多くなった。事情を聞くと、「浴槽に浸かっていると怖くなるのでシャワーのほうがいい」とのことなので、今日はシャワーにした。【コメント】「利用者・家族の意向」には「母はお風呂に入るのが楽しみなので、湯船に入れてあげてください」とあるが、計画書に記載された希望について、家族と話し合ってみる必要がある。

改善点 介護サービス計画書の一部見直しを視野に入れたコメントが記されている。

関係者による情報共有と継ぎ目のないサービスを意識して書く

> 「介護記録」には、関係者で情報を共有しサービスの継続性を維持する役割があるので、関係者に情報を伝えることを意識して書きましょう。

自分の覚えとしてではなく、次の担当者に状況を正確に伝えるために書く

利用者の「介護記録」は、1人の介護スタッフだけが書くもの・読むものではありません。特に、特別養護老人ホームなどでは、介護スタッフは交代勤務制なので、1人の利用者の介護を複数の介護スタッフがバトンタッチ方式で担当します。

【介護スタッフの勤務シフト例】
早番：7：00～16：00　　日勤：9：00～18：00
遅番：11：00～20：00　　夜勤：17：00～翌日10：00
週の勤務日数：3日～5日（常勤／契約や夜勤等の関係により異なる）

交代で仕事を引き継ぐ介護スタッフは、通常は業務日誌に目を通してから業務を開始しますが、なじみのない利用者がいる場合には、「生活記録表」と「ケース記録」にも目を通します。担当者が交代しても継ぎ目のないサービスを提供できるようにするには、「ケース記録」を自分の覚えとして書くのではなく、共有を前提に情報をわかりやすく整理して伝えるように書く必要があります。

申送り事項を業務日誌に記録してケアが継続されるようにする

特に注意すべき事柄を次の担当者に引き継ぐ必要がある場合は、「業務日誌」に明確に記しておく（下記の例のように）ことが大切です。申送りは口頭でも行いますが、あとで検証できるように、必ず「業務日誌」にも記録しましょう。

例：〈申送り事項〉Sさんが昼食中に少しむせたので背中を何度か軽くたたくと、ご飯が2、3粒出てきた。一応収まったが、その後もときどき咳をしている。まだ気管に何か残っている可能性があるので、咳などの様子に注意してほしい。

情報共有ツールであることを意識して書いていないケース

問題のある記録文の例

おやつの時間に私が自分の趣味の話をしたら、表情が明るくなった。今度はもっと詳しく話してみよう。

問題点 「ケース記録」を自分の日記のように書いている。

改善後の記録文の例

おやつの時間に私が自分の趣味である山登りの話をしたら、いつもより表情が明るくなった。山登りをしたことがあるかを聞いたら、「子どもの頃に弘前に住んでいてよく岩木山に登った」とのこと。[コメント] 弘前や岩木山についてインターネットで調べて、また話題にしてみるのがいいかもしれない。

改善点 仕事を引き継ぐ担当者を意識しており、情報を伝えるために具体的な事実を書いている。

申送り事項を記載していないケース

問題のある記録文の例

17：00頃に利用者から「娘の○○に大事なことを伝えたいので、電話してほしい」と言われた。自宅に電話したが留守電になっていた。

問題点 上記は「ケース記録」の本文に記載されている事項だが、このことに関する申送り事項が「業務日誌」に記載されていない。

改善後の記録文の例

〈申送り事項〉17：00に利用者から「娘の○○に大事なことを伝えたいから、電話してほしい」と言われたので、17：10に自宅に電話してみたが留守のようだった。本人にもう一度確認してから、夜間の適当な時間帯に電話してほしい。自宅に電話して留守なようなら携帯に電話したほうがよいかもしれない。

改善点 仕事を引き継ぐ担当者への適切な申送りがされており、利用者の希望の実現に向けた対応が継続される。

情報に過不足がないように「5W1H」を意識して書く

> 「ケース記録」、「事故／ヒヤリハット報告書」、「業務日誌」などを書くときは、文章の骨組みとなる「5W1H」を意識して書きましょう。

情報に過不足がないように書く

　介護スタッフが現場で日々作成する介護記録（「生活記録表」、「ケース記録」、「事故／ヒヤリハット報告書」、「業務日誌」など）は、読む人にとって必要な情報が不足していては記録としての用をなしません。また、記録に余分な情報が含まれていると、読む人が必要な情報を取捨選択するのに余計な時間がかかってしまいます。

　したがって、==記録ごとに、どんな情報を盛り込むべきかを判断して、必要な情報を入れ、不要な情報を入れない==ようにしましょう。

「5W1H」を意識して文章に盛り込む情報要素を決める

　介護記録の情報にもれがないようにするには、When（いつ）、Where（どこで）、Who（誰が）、What（何を）、Why（なぜ）、How（どのように）の6つの情報要素に具体的な情報を当てはめながら文章を書いていくのがよいでしょう（ただし、どんな記録にも「5W1H」のすべてが必要というわけではありません）。

【介護記録の5W1H】

When（いつ）	：具体的な日時。「10：15に」など
Where（どこで）	：場所。「浴室で」など
Who（誰が）	：行為や動作の主体。「私（介護担当者）が」など
What（何を）	：行動や状態。「浴槽に入る手助けを」など
Why（なぜ）	：理由。「自力で浴槽に入ることが困難なため」など
How（どのように）	：方法。「片足ずつ浴槽に入ってもらい、両手をもって支えながら浴槽のなかに腰を下ろしてもらった」など

介護記録に不要な情報が含まれているケース

問題のある記録文の例

ロビーのソファーに座ってぼんやりしているので、「Hさんもカラオケに参加しませんか？」と声をかけた。理由を聞いてみてなるほどと思った。

問題点 利用者から聞いた理由の中身が書いてない。「なるほどと思った」は介護者の気持ちであり余分な情報。

改善後の記録文の例

ロビーのソファーに座ってぼんやりしているので、「Hさんもカラオケに参加しませんか？」と声をかけた。「今日は頭が少し痛いので、ここで静かにしているよ」との返事だったので、そっとしておいた。

改善点 足りなかった情報が盛り込まれている。「なるほどと思った」という余分な情報が削除されている。

重要な情報が抜けているケース

問題のある記録文の例

「Tさんが転んで立てない」と言いに来た。「大丈夫ですか？　どこか痛くないですか？」と聞くと、「大丈夫よ。よろけたけど、手をついて座り込んだだけだから」という返事だった。(後略)

問題点 誰が知らせに来たのか、Tさんがいつ、どこで転んだのかの情報が不足している。

改善後の記録文の例

13：30　Wさんが「Tさんが転んで立てない」と言いに来た。談話室とのことなので、急いで行ってみると、Tさんが床に座っていた。「大丈夫ですか？　どこか痛くないですか？」と聞くと、「大丈夫よ。よろけたけど、手をついて座り込んだだけだから」という返事だった。(後略)

改善点 不足していた3つの情報が盛り込まれている。

客観的な事実と
介護スタッフの見解・
意見を分けて書く

> 介護記録には、事実だけでなく観察者の見解や意見も情報として含まれます。客観的な事実と介護スタッフの見解・意見を明確に分けて書くようにしましょう。

観察した事実を脚色や省略せずにありのまま書く

　介護記録は介護スタッフの観察に基づいて書かれます（観察の詳細については、Part 3を参照してください）。つまり、介護記録に記される「事実」は、介護スタッフの目や耳を通して入手したものであり、100％客観性のある事実であるとは言えません。そこで大事なのが、記録する情報に客観性をもたせるために、出来事を脚色したり省略したりしないこと。できる限りありのまま書くようにしましょう。

　たとえば、「Mさんは気分屋なので」とか、「家族に意地悪される、みたいなことを繰り返し言っていた」などのように、脚色や省略をすると、客観性が薄れてしまうので、注意が必要です。

見解や意見は事実との違いがわかるように書く

　観察結果は、「～の様子だった」のように見解の形で示されることが多々あります。また、介護スタッフは、何らかの出来事や通常と異なる状況に対して、理由を推測したり改善を目的とした意見を述べたりすることもあります。このような観察者の見解や意見は、客観的な事実と切り分けて両者がはっきり区別できるようにしましょう。

　たとえば、「椅子に座って窓の外を眺めていた」という記述はほぼ客観的な事実と言っていいでしょうが、「とても悲しそうに、桜の木の葉が舞い落ちる様子を眺めていた」は観察者（記録者）の解釈（見解）であり、「Uさんの歩行介助では、手を引くのではなく、背中に腕を回して支えるほうがよいと思う」は介護スタッフの意見（コメント）です。

脚色や省略があって記録として不適切なケース

問題のある記録文の例

レクリエーションの時間に参加したゲームではしゃぎすぎて、今は少しふさぎ込んでいる様子だった。

問題点 「はしゃぎすぎて」や「ふさぎ込んでいる」の部分は介護スタッフが主観的に解釈（脚色）した表現であり、記録文の表現としては不適切である。

改善後の記録文の例

レクリエーションの時間に参加したゲームでかなり活発にしていたためか、今は少し疲れた様子で静かにしている。

改善点 「はしゃぎすぎて」を「かなり活発にしていた」に変え、「ふさぎ込んでいる」を「疲れた様子で静かにしている」に変えたことで、客観性が高まっている。

介護スタッフの見解が事実のように書かれているケース

問題のある記録文の例

食べ物の好き嫌いが多く、昼食の筑前煮のタケノコを口に入れたあとすぐに吐き出してしまった。

問題点 食べ物の好き嫌いが多いことが原因と断定しているが、それは介護スタッフの主観的な解釈（見解）でしかなく、事実かどうか定かではない。予断をもたずに原因を明らかにしておくことが、トラブルの防止につながる。

改善後の記録文の例

昼食の筑前煮を一口食べてすぐに口から出した。「筑前煮は嫌いですか？」と聞いたら、「これは硬くて噛みきれないから」と言われたので、調理担当者にその旨を伝え改善を促した。

改善点 介護スタッフが利用者に筑前煮を口から出した理由を利用者にたずね、タケノコが硬くて噛みきれないことが原因だと明らかにし、改善策をとったことまでをしっかり記入している。

介護内容をもらさず省かずに書く

> 介護記録をまとめて書くと、記憶が不確かになって情報のもれが生じる恐れがあります。情報にもれのないよう、また省かないように記入しましょう。

まとめ書きをせず、こまめに記入する

　介護記録を書くことは介護スタッフの大切な日常業務の一部ですから、「暇なときにまとめて書く」のではなく、利用者に対する介護サービスの合間に記録の時間をきちんと確保する必要があります。

　特に、「ケース記録」は、介護スタッフがどんなサービスをどのように提供したのか、利用者の反応はどうだったのかなど、細かく記述する必要があるので、時間が経って記憶が抜け落ちたりあいまいになったりする前に、しっかりと記録しておきましょう。「ケース記録」のまとめ書きは禁物です。

記載すべき情報をもらさず省かず記入する

　たとえば、「介護計画書」にトイレや入浴の介助についての注意事項が記載されているにもかかわらず、「ケース記録」にこれらの介助について何も書かれていなければ、注意事項に従って介助がきちんと行われているか確認できません。

　記録の省略は、単に面倒くさいからという理由で行われるケースもありますが、それは問題外です。ここで問題となるのは、次の2つのケースです。1つ目は、「ケース記録」をその日の業務の最後や翌日の最初にまとめて書いたために、情報の一部が記憶から抜け落ちて書き忘れたというケース。2つ目は、特に問題があった出来事だけを記して普段と変わらなかったサービス提供の記述を意図的に省いたケースです。

　介護記録は、情報にもれがあったり不正確であったり、介護スタッフの主観的な判断で情報の取捨選択が行われたりしたのでは、記録として信頼性が低くなってしまいます。情報を省かず記入するのは、記録の大原則です。

まとめて書いたために必要な情報がもれたケース

問題のある記録文の例

12：00　昼食。いつもは時間がかかるが、今日は大丈夫だった。ニコニコしていた。
15：00　おやつ。シュークリームをおいしそうに食べていた。

問題点　昼食に関する記述が不十分な感じがする。

改善後の記録文の例

12：00　昼食。いつもは食べ終わるまで時間がかかるが、今日は30分くらいで完食した。「お口に合いましたか？」と聞くと、「カレイの煮つけがおいしかったわ」とニコニコしていた。
15：00　おやつ。シュークリームをおいしそうに食べていた。

改善点　抜けていた昼食の詳しい様子が記述されている。

必要な情報が省かれているケース

問題のある記録文の例

9：30　来所。
12：00　昼食。（内容省略）
（後略）

問題点　トイレの介助が必要な利用者なのに、それに関する記述がまったくないのは不自然。

改善後の記録文の例

9：30　来所。
10：00　トイレ介助。ズボンを下ろすときに片手を交互に使って少しずつ下ろすようにしてもらったら、体のバランスを崩さなくなった。
12：00　昼食。（内容省略）
（後略）

改善点　トイレ介助に関する情報が記録されている。

利用者・家族（保護者）・関係者に配慮して書く

> 利用者や家族（保護者）は開示請求によっていつでも介護記録を閲覧できるので、読まれても困らないように、また嫌な感じを与えないように配慮して書きましょう。

マイナス面を強調しすぎず、プラス面にもしっかり目を向けて書く

　介護記録には、利用者の問題点や課題を客観的に記述することが不可欠ですが、「できないこと」や「問題のあること」などのマイナス面ばかりを強調して書くと、全体的に「後ろ向きな記録」になってしまい、利用者自身や家族が読んだときによい感じがしないでしょう。意図的に脚色する必要はありませんが、「できたこと」、「よかったこと」、「改善したこと」にもしっかり目を向けて書くようにすれば、「前向きな記録」になって介護担当者や事業所・施設の印象もよくなるはずです。

　また、マイナス面とプラス面を過不足なく書くことで、看護師や医師などにとって有用性が高い記録になります。

プライバシー保護に留意して書く

　介護記録には、利用者に関する出来事や状況をありのまま書くのが通例ですが、利用者や家族のプライバシーにかかわる情報を入手した場合にそのまま書いてしまうと、プライバシー保護義務に違反する恐れがあります。そういう場合は、介護記録として必要な情報だけを残し、個人名や具体的な内容を省くという配慮をしましょう。

　たとえば、利用者間トラブルの相手方の名前を書くと、その記録を閲覧した利用者や家族に他の利用者の個人情報を知らせることになってしまいます。また、利用者が家族について話した悪口や秘密などをそのまま書くと、介護関係者の目に触れることになり、外部に情報がもれる恐れもあります。

　利用者や家族のプライバシー保護については、巻末資料の「介護サービス利用者の個人情報保護に関連する法令やガイドライン」（159ページ）も参照してください。

プラス面の情報が記されていないケース

問題のある記録文の例

10：00　お茶。お茶を飲みながら、家族に対する不満をしきりに口にしていた。他の利用者の悪口も言っていた。【コメント】文句の多い性格なのかもしれない。

問題点　マイナス面のことしか書いてない。

改善後の記録文の例

10：00　お茶。お茶を飲みながら、家族や他の利用者に対する不満を口にしていた。【コメント】「～といったいいところもあるんだけどね」というフォローをしていたので、悪意があるわけではないようだ。

改善点　悪口ばかり言っているというマイナスの印象が薄まって、「後ろ向きな記録」ではなくなった。

他の利用者のプライバシーにかかわる情報が記されているケース

問題のある記録文の例

15：15　おやつの時間に、山田洋子さんがAさんのところにやってきて、「私のプリンを食べたでしょう。返しなさいよ」とすごい剣幕でどなった。他の介護スタッフが、なだめて元の場所に連れていった。【コメント】彼女は軽度の統合失調症なので、気を配っておく必要がありそうだ。（後略）

問題点　トラブルの相手（他の利用者）の名前や病名が記されており、Aさんの家族が記録を閲覧すると、山田さんの個人情報を見られてしまう。

改善後の記録文の例

15：15　おやつの時間に、他の利用者がAさんのところにやってきて、「私のプリンを食べたでしょう。返しなさいよ」とすごい剣幕でどなった。他の介護スタッフが、なだめて元の場所に連れていった。【コメント】その人は軽度の精神疾患があるので、気を配っておく必要がありそうだ。

改善点　トラブルを起こした利用者の個人名や病名が省かれ、プライバシーの問題が起こらないようになっている。

公的機関の チェックを受けることを 意識して書く

> 介護記録は公的機関（自治体の担当部署など）のチェックを受ける可能性があるので、情報に過不足がなく内容が適切な記録であるとみなされるように配慮して書きましょう。

記録をあとで書き直さない

　介護記録は、介護保険法に基づいて作成される公的な性格の文書ですから、改ざん行為は許されません。改ざんを疑われないように、消して書き直せる鉛筆ではなく、必ずボールペンで書きましょう。また、修正液で消してもいけません。間違って書いた場合は、元の文面がわかるように、訂正する部分に二重線を引いて余白に訂正内容を記入します。余白が生じた場合は、その部分に斜線を引いてください。あとで記入もれに気づいた場合は、下部の余白に記入して挿入したい箇所まで矢印を引き、「記入もれに気づいたため、○月○日○時に追記」と付記するのがよいでしょう。

自分（介護スタッフ）の失敗を大げさに書かない

　介護サービスの提供時に犯した細かい失敗をことさら重大なように記述すると、自身の評価を必要以上に下げるだけでなく、事業所や施設の評価も下げることになってしまいます。これは失敗を隠すということとは次元の違う問題なのですが、心のなかで「気をつけよう」と思えばすむ程度の失敗まで大げさに書くのはやめましょう。

利用者や施設への不満を書かない

　介護スタッフの仕事は決して楽ではないのでストレスや不満が溜まり、利用者や施設に対する不満を［コメント］部分につい書いてしまう人もいるようです。不満などの感情的な表現が含まれていると、介護記録の信頼性が低下してしまいます。

　本人が「改善コメント」のつもりで書いても「不満」ととられるケースもあるので、「コメント」は感情を込めずになるべく客観的に書きましょう。

介護スタッフの失敗が誇張されて記されているケース

問題のある記録文の例

（前略）今日は、トイレの介助の仕方がとても下手だったせいで、Nさんの夕食の時間が遅くなってしまった。家族のお迎えまで時間がないので食事を急がせたら、機嫌が悪くなって「もう食べたくない」と言われてしまった。こんなことでは介護スタッフ失格だ。もっとしっかりしなくてはいけない。（後略）

問題点 小さな失敗を大げさに捉えて、悲観的な記録になっている。

改善後の記録文の例

（前略）今日は、トイレの介助に手間どったため、Nさんの夕食の時間が少し遅くなった。家族のお迎えまで時間がないので食事を急がせたら、機嫌が悪くなって「もう食べたくない」と言われた。[コメント]こちらの都合で利用者のペースを乱さないよう気をつけなければいけない。（後略）

改善点 状況説明とコメントの両方とも客観性のある表現に変わっている。

施設への不満と思われる感情表現が含まれているケース

問題のある記録文の例

（前略）仕事が多すぎて、Bさんが話しかけてきてもゆっくり相手をすることができなかった。こんな状態では、介護サービスの質が低下してしまう。（後略）

問題点 「仕事が多すぎて」とか「こんな状態では、介護サービスの質が低下してしまう」というのは、施設に対する感情的な不満・批判と思われても仕方のない表現である。

改善後の記録文の例

（前略）やらなければならないことがほかにあったため、Bさんが話しかけてきたときにゆっくり相手をすることができなかった。[コメント]利用者とのコミュニケーションも大切な仕事なので、全体の仕事量について検討する必要があるかもしれない。（後略）

改善点 不満を表す部分が冷静な表現に変わっている。

「事故／ヒヤリハット報告書」では「原因」「予防策」も示す

> 「事故／ヒヤリハット報告書」では、「出来事の発生状況」と「介護スタッフの対応・経過」だけでなく、「考えられる原因」と「防止策」も明確に示しましょう。

「原因」を究明して明確に示す

　ヒヤリハットや事故は、必ず何らかの原因があって起こります。直接的な原因として考えられるのは、「身体に異変があることに気づかずそのままにして病状の悪化を招いた」、「必要な介助を怠った」、「介助の方法が不適切だった」、「介助の道具や機器が不適切だった」といったことです。

　「申送り事項にしっかり目を通さなかったこと」、「引継ぎ連絡がきちんとなされなかったこと」、「日常業務への慣れ」、「仕事量の多さ」、「自分の体調の悪さ」といった間接的な原因だけを書いているケースも結構多いようですが、まず直接的な原因を明確にし、それにつながる間接的な原因があればそれも書くようにしましょう。

再発を防ぐための「予防策」を作成して提示する

　ヒヤリハットや事故の原因がはっきりしたら、次に再発を防止する策を考えます。介護サービス事業所にはヒヤリハットや事故に関する情報が蓄積されているはずですから、それらを参考にして先輩の介護スタッフに相談すれば、新人スタッフでも「予防策」を見つけるのはそれほどむずかしくはないでしょう。

　提示する防止策は、たとえば「入浴時の浴槽への出入りには必ずバスボードを使い、介護スタッフが利用者の背中に腕を回して支えるようにする。このことを『介護計画書』に注意事項として記入し、この利用者の介護に慣れていない介護スタッフに業務を引き継ぐ際は、『業務日誌』の『特記事項』にそのことを明記する」というように、「考えられる原因」（間接的な原因がある場合はそれも）をとり除く方策でなければなりません。「今後はしっかり見守ろう」というような意思表示は防止策にはなりません。

「考えられる原因」欄に間接的な原因だけが記されているケース

問題のある記録文の例

考えられる原因：昼間の担当者から発熱に関する情報が引き継がれなかったこと。

問題点 これは間接的な原因なので、まず直接的な原因を示し、間接的な原因があればそれも示す必要がある。

改善後の記録文の例

考えられる原因：夜間の定期的な見回りの間隔が長くなり、病状の悪化に気づくのが遅れたことが直接的な原因である。昼間の担当者から発熱に関する情報が引き継がれなかったことと、他の利用者が起き出して徘徊しており、その対応にかなり時間がかかったことが間接的な原因と考えられる。

改善点 「夜間の定期的な見回りの間隔が長くなり、病状の悪化に気づくのが遅れた」という直接的な原因がまず示され、次にそれの起こった２つの原因が示されている。

「防止策」欄に「考えられる原因」の解消策が示されていないケース

問題のある記録文の例

防止策：夜間の見回りの間隔が長くならないよう、十分に気をつける。

問題点 直接的な原因を解消する意思だけが示され、根本原因（この場合は間接的な原因）の解消策が示されていない。

改善後の記録文の例

防止策：利用者の状態の変化のうち「業務日誌」の「特記事項」の欄に記入して引き継ぐべき事柄がどんなものなのかを、サービス担当者のミーティングで確認して関係者全員に周知し、重要事項の引継ぎもれが起こらないようにする。また、夜間の勤務体制を一部見直して、何らかのトラブルが起こっても予備人員が定期巡回等の仕事をカバーできるようにする。

改善点 「考えられる原因」（直接的原因および間接的原因）をとり除く具体策が示されている。

Part 4のまとめ

着眼点を踏まえた注意点

① 「利用者の様子」「介護スタッフの行動」「介護スタッフのコメント」を区別して書く

② 「介護計画書」の内容を踏まえ、サービスの改善・向上を視野に入れて書く

③ 関係者による情報共有と継ぎ目のないサービスを意識して書く

④ 情報に過不足がないように「5W1H」を意識して書く

⑤ 客観的な事実と介護スタッフの見解・意見を分けて書く

⑥ 介護内容をもらさず省かずに書く

⑦ 時間的な順序や論理的な順序に従って書く

⑧ 利用者・家族（保護者）・関係者に配慮して書く

⑨ 公的機関のチェックを受けることを意識して書く

⑩ 「事故／ヒヤリハット報告書」では「原因」「予防策」も示す

Part
5

文章はどのように書いたらいいの？
── 用語・表記・表現に関する8つのポイント ──

****

このPartでは、介護記録の文章を書くときに注意すべき8つのポイントを示します。ここでは、上手な文章を書くテクニックではなく、客観性が重視される記録文を書く際に知っておくと便利な基礎知識・スキルを、実例を示しながら解説していきます。「悪い例」と「改善例」も併せて紹介しますので、それを参考にすれば、新人の介護スタッフのみなさんも、わかりやすく読みやすい文章が書けるようになるでしょう。

数字・単位記号・かっこの使い方を統一する

> 介護記録では、数字は原則として算用数字で表記し、距離、重さ、温度などには単位記号を用い、文章中のかっこは用途に応じて使い分けましょう。

数字の使い方を統一する

　横書きの記録文書では、数量を表す数字は重要な情報ですから、漢数字（一、二、三、…）よりも文章中で目立つ算用数字（1、2、3、…）を使うのが一般的です。ただし、「一面的な見方」や「一連の動作」のような慣用句については、漢数字で表記するのが一般的です。介護記録に用いる数字で特に注意が必要なのは、時刻の表記。「13：30」のように、時と分の間を「：（コロン）」で区切る方法に統一しましょう。

単位記号の使い方を統一する

　距離、重さ（質量）、温度、体積などを表すときに数字のあとにつける単位には、「5メートル」、「52キログラム」、「37.6度」のようにカタカナや漢字ではなく、「5 m」、「52 kg」、「37.6 ℃」のように単位記号を用いるのが一般的です。なお、数字と単位記号の間に半角分空けて書いたほうが数字と記号が識別しやすいのでよいでしょう。

かっこの使い方を統一する

　かっこには、「 」『 』（ ）【 】［ ］＜ ＞など、たくさんの種類があります。また、" "（ダブルクォート）や' '（シングルクォート）のようなアルファベット系の記号が用いられることもあります。

　介護記録では、会話や語句の引用および語句の強調などには「 」、書籍名や商品名には『 』、補足説明には（ ）を使うのが一般的です。このほか、［ ］＜ ＞【 】などを用いて文章中の特記事項（コメントや注など）を本文と区別することも可能ですが、その場合は、職場で使用ルールを決めて使い方を統一したほうがよいでしょう。

数字の使い方が統一されていないケース

問題のある記録文の例

10：00　お茶。何か話したそうだったので、五分ほど話を聞いた。（後略）

問題点　時刻・時間の表記が統一されていない。

⬇

改善後の記録文の例

10：00　お茶。何か話したそうだったので、5分ほど話を聞いた。（後略）

改善点　時刻・時間の表記が算用数字に統一されている。

単位記号の使い方が統一されていないケース

問題のある記録文の例

朝の体温は36.2℃だったが、1.5度上がっているので、帰宅した家族にそのことを伝えた。

問題点　「36.2℃」と「1.5度」という表記が混在していてわかりにくい。

⬇

改善後の記録文の例

朝の体温は36.2℃だったが、1.5℃上がっているので、帰宅した家族にそのことを伝えた。

改善点　温度の表記が「℃」に統一されていてわかりやすくなった。

かっこの使い方が統一されていないケース

問題のある記録文の例

「どんな食べ物が好きですか？」と聞くと、『揚げ物』という答えが返ってきた。

問題点　会話の引用に「　」と『　』の2種類が使われていてわかりにくい。

⬇

改善後の記録文の例

「どんな食べ物が好きですか？」と聞くと、「揚げ物」という答えが返ってきた。

改善点　会話の引用に「　」だけが用いられ、どこが会話かわかりやすくなっている。

専門用語や略語を
必要以上に使わない

> 介護記録は介護、看護、医療関係者だけのものではないので、読み手の理解を妨げるような専門用語や一般的でない略語はできる限り使わないようにしましょう。

専門用語を必要以上に使わない

　介護スタッフのみなさんは、医療・看護関係者とコミュニケーションをとる必要があるので、「清拭（せいしき）」、「褥瘡（じょくそう）」、「拘縮（こうしゅく）」、「弄便（ろうべん）」、「振戦（しんせん）」といった専門用語の意味を知っておく必要があります。しかし、利用者やその家族が読む可能性がある介護記録にこのような用語が使われていると、内容の理解が阻害されてしまいます。

　優秀で患者にやさしい医師が専門用語をできるだけ使わずに病状や治療方針を説明するように、経験豊かな介護スタッフも、むずかしい専門用語をなるべく使わずに説明したり書いたりします。基本的にこのやり方を見習い、どうしてもむずかしい専門用語を使わなければならない場合には、（　）に簡単な説明を入れて補足しましょう。

※例示した専門用語は、巻末資料の「介護に関係する専門用語」に解説があります。

略語を必要以上に使わない

　介護スタッフのみなさんは、ADL、ALS、BP、BPSD、COPD、OT、PT、QOL、STといった介護・看護・医療関係の略語の意味を知っている必要があるでしょう。ただし、専門知識のない人たちにとってアルファベットの略語は、読む意欲・理解する意欲を失わせる暗号のようなものです。たとえば、QOLはマスコミでもよく使われる言葉ですが、知らない人にとっては何のことかわからず、専門用語辞典やインターネットで意味を調べたりしなければなりません。

　専門職どうしの会話で略語をある程度使うのは仕方がないでしょうが、利用者やその家族が読む可能性がある介護記録に略語を説明なしで使うのは、やめましょう。

※例示した略語は、巻末資料の「介護に関係する専門用語」に解説があります。

意味がわかりにくい専門用語が使われているケース

問題のある記録文の例

利用者の体を仰臥位から右側臥位に変えて濡れタオルで背中を拭こうとしたら、小さな褥瘡が見つかった。

問題点 「仰臥位」、「側臥位」、「褥瘡」は一般の人はほとんど使わない専門用語なので、利用者や家族にはわかりにくい。

改善後の記録文の例

利用者の体を仰向けから右横向きに変えて濡れタオルで背中を拭こうとしたら、小さな床ずれが見つかった。

改善点 意味がわかりにくい専門用語が一般的な言葉に置き換えられている。
※「仰臥位（仰向け）」や「側臥位（横向き）」という形で補足説明を入れることも可能。

意味がわかりにくい略語が使われているケース

問題のある記録文の例

朝にBPを測ったときに少し高かったので、PTにそのことを伝え、施術開始前にもう一度測り直すよう注意を促した。

問題点 BPとPTは、介護・看護・医療の専門職以外にはまったく知られていない言葉なので、利用者や家族にはどのような意味なのかがわからない。また、BPとPTには、いくつも正式名称が考えられるので、状況によっては、勘違いが起こる可能性もある。

改善後の記録文の例

朝に血圧を測ったときに少し高かったので、理学療法士にそのことを伝え、施術開始前にもう一度測り直すよう注意を促した。

改善点 「BP」が「血圧」に、「PT」が「理学療法士」に置き換えられたので、文の意味が理解できるようになった。

わかりにくいカタカナ語や指示語を使わない

> 意味のわかりにくいカタカナ語（多くは英語の専門用語をカタカナ読みしたもの）や何を指しているかわかりにくい指示語は使わないようにしましょう。

意味のわかりにくいカタカナ語を使わない

「ファーラー位」、「アカウンタビリティ」、「グリーフケア」、「コミュニケーションエイド」、「シルバーカー」といったカタカナ語を介護関係者どうしで使うのは構いませんが、専門職以外が読む可能性がある介護記録のなかで安易に使うのは禁物です。カタカナ語は、英語などの読み方をカタカナで示したものにすぎないからです。

日本語として定着し広く意味が知られているカタカナ語以外は、日本語の訳語のほうを使う（たとえば「アカウンタビリティ」⇒「説明責任」）か、日本語訳を（ ）に入れて付記する（たとえば「シルバーカー（歩行補助車）」）ほうがよいでしょう。

※例示したカタカナ語は、巻末資料の「姿勢（体位・肢位）の呼称」と「介護に関係する専門用語」に日本語訳と解説があります。

元の語がわかりにくい指示語（指示代名詞・指示形容詞）を使わない

文章の書き方の本の多くに、「一度使った言葉を次に使うときは、なるべく指示語に置き替えましょう」というようなアドバイスが記されています。確かに、くどさを排除する方策の1つではありますが、「情報を誤解なく正確に伝える」という記録の役割を考えると、指示語を多用するのはお勧めできません。

指示語が指すものの候補が1つしかなく誤解される余地がなければ指示語に置き換えても構いませんが、候補が複数あってどれを指しているかわかりにくい場合に指示語に置き換えるのはやめましょう。

指示代名詞には「これ」、「こちら」、「それ」、「そちら」、「あれ」、「あそこ」、「あちら」などがあり、指示形容詞には「この」、「その」、「あの」などがあります。

意味がわかりにくいカタカナ語が使われているケース

問題のある記録文の例
Fさんは心理療法士からグリーフケアを受けているので、差しさわりのないレベルでサポートするようにしたい。

問題点 「グリーフケア」の意味がわからないと、文意がよくわからない。

⬇

改善後の記録文の例
Fさんは3ヵ月前に旦那さんが亡くなって心理療法士からグリーフケア（悲嘆ケア）を受けているので、差しさわりのないレベルでサポートするようにしたい。

改善点 「グリーフケア」に日本語訳が付加され、悲嘆の原因が示されたので、文の意味がよくわかるようになった。

元の語がわかりにくい指示語が使われているケース

問題のある記録文の例
今回の転倒事故の原因は、シルバーカー（歩行補助車）の持ち手がすべりやすくなっていたことと、介護スタッフが横に付き添っていなかったことだが、それが起こった原因をはっきりさせる必要がある。

問題点 「それ」という指示語が前に示された2つの原因のどちら（または両方）を指すのかはっきりしない。

⬇

改善後の記録文の例
今回の転倒事故の原因は、シルバーカー（歩行補助車）の持ち手がすべりやすくなっていたことと、介護スタッフが横に付き添っていなかったことだが、持ち手がすべりやすくなっていた原因をはっきりさせる必要がある。
※ここでは、「それ」が「持ち手がすべりやすくなっていたこと」だけを指すと仮定して置き替えている。

改善点 「それが起こった」が「持ち手がすべりやすくなっていた」という具体的な内容に置き換えられたので、文意がとりやすくなった。

語調（文体）を統一し適切なレベルの敬意表現を使う

> 介護記録の語調は「である調」で統一しましょう。ただし、利用者の家族への「連絡帳」は、「です・ます調」にするのがよいでしょう。そして、それぞれの語調に適する敬意表現を使いましょう。

語調（文体）を統一する

　語調（文体）には、「です・ます調」、「である調」、「だ調」、「でございます調」などがあります。介護記録は情報記録文書ですから、「である調」と「だ調」を適宜混ぜて書くのがよいと考えられます。ただし、文章中で引用される利用者やその家族などの会話については、勝手に語調を変えるとその人の人格やそのときの感情が違うように伝わる恐れがあるので、使われた語調をそのまま記述しましょう。

　また、利用者の家族への「連絡帳」については、相手に敬意を表す意味で「です・ます調」にするのがよいでしょう。

適切なレベルの敬意表現を使う

　ここで言う「敬意表現」とは、「敬語」という単語レベルではなく、文章表現全体で敬意を表すことを意味します。介護記録は、利用者やその家族があとで読む可能性があるので、ある程度敬意を払った表現にする必要があります。たとえば、「何度言ってもわかってくれないので、しばらく放っておいた」は利用者に対してかなり失礼な表現なので、たとえば「何度か説明してみたがよく理解できないようだったので、しばらくそっとしておいた」といった表現にするほうがいいでしょう。

　また、あくまで記録ですから過剰な敬意表現を使う必要はありません。たとえば、「何度かご説明したけれどもおわかりいただけないようだったので、しばらくそっとしておいてさしあげた」は「である調」が基本の記録文にはふさわしくありません。

　介護記録の表現は、「である調」と違和感がなく、利用者とその家族に失礼に当たらないレベルになるよう配慮しましょう。

語調（文体）が統一されていないケース

問題のある記録文の例
Cさんと一緒に野菜畑に行きましたが、ナスの収穫を始めるとすぐに「もう帰りたい」と言い出した。

問題点 「行きました」が「です・ます調」であるのに、「言い出した」は「である調」になっていて統一感がない。

改善後の記録文の例
Cさんと一緒に野菜畑に行ったが、ナスの収穫を始めるとすぐに「もう帰りたい」と言い出した。

改善点 「行きました」が「行った」に置き換えられたことによって、語調（文体）が統一された。

不必要な敬意表現が使われているケース

問題のある記録文の例
Dさんが娯楽室にいらっしゃらなかったので、棟のなかを探したところ、調理室の出入り口の脇に立っていらした。

問題点 利用者の様子を事実として記録する文章のなかに「いらっしゃらない」や「いらした」のような敬意表現が使われていると、情報記録としての客観性が低いという印象を読み手に与える可能性がある。

改善後の記録文の例
Dさんが娯楽室にいなかったので、棟のなかを探したところ、調理室の出入り口の脇に立っていた。

改善点 「いらっしゃらなかった」が「いなかった」に、「立っていらした」が「立っていた」に置き換えられて、客観性のある表現になった。

文（センテンス）の基本構造を意識して書く

> 文章を書くのが苦手な人は、中学校で英語の構文を学んで文（センテンス）を組み立てたときのことを思い出して、構造を組み立てながら文を作るようにしましょう。

文（センテンス）の基本構造を理解して書く

　日本語の文章の基本単位は文（センテンス）ですから、基本構造を理解して英作文のときのように構造を組み立てるようにすれば、単純明快でわかりやすい文が書けるようになります。日本文の基本構造は次の３つです。

【単文】１組の「主部＋述部」からなる単純な構造の文

例：○○さんが　お茶の時間に湯飲み茶わんを膝の上に落した。
　　（主部）　　　　　　（述部）

【重文】複数組の「主部＋述部」（前も後ろも単文）が並列的に連結された文

例：○○さんは　編み物をし、……………………………主節（単文）
　　（主部）　（述部）

　　□□さんは　折り紙をしていた。………………………主節（単文）
　　（主部）　（述部）

※重文は、単文を単純に連結したものなので、構造的には単純です。

【複文】２組の「主部＋述部」が連結された複合的な文

例：○○さんが　チャーハンのスープにむせたので……………従属節（単文）
　　（主部）　　　　　（述部）

　　私が　背中を軽くたたいた。……………………………主節（単文）
　　（主部）　（述部）

※複文については、前の従属節（主部＋述部）が後ろの主節（主部＋述部）の内容を補足するという基本構造さえしっかり理解しておけば、容易に文を組み立てることができます。

複文の主語が省かれていて理解しにくいケース

問題のある記録文の例

Hさんが自力で車椅子に移乗できるようにするために、リハビリの内容を一部変更してくれた。

問題点 これは「従属節＋主節」の複文だが、主節の主語が省かれているために、必要な情報が不足して文の意味がわかりにくい。

改善後の記録文の例

Hさんが自力で車椅子に移乗できるようにするために、理学療法士の□□さんがリハビリの内容を一部変更してくれた。

改善点 文の重要な構成要素である主節の主語が補われたため、複文全体の意味がよく理解できるようになった。
※複文の主節の主語を省いてもよいのは、従属節の主語と同じである場合と、書いている主体が主語であり、読む人にそれがわかる場合に限られる。

文の構造が複雑でわかりにくいケース

問題のある記録文の例

就寝前にRさんに「トイレに行きましょう」と言ったところ、「さっき行ったから行かなくていいわ」と言われたが、「夜中にトイレに行きたくなって目がさめるといけないので、念のために行っておきましょう」と説得して、何とか連れていった。

問題点 いくつのもの節（単文）が組み合わされた複雑な構造の文になっており、読みにくく、意味が理解しにくい。

改善後の記録文の例

就寝前にRさんに「トイレに行きましょう」と言ったところ、「さっき行ったから行かなくていいわ」と言われた。「夜中にトイレに行きたくなって目がさめるといけないので、念のために行っておきましょう」と説得して、何とか連れていった。

改善点 2つの複文に分割されたため、読みやすくなっている。

読点を文（センテンス）のなかの適切な位置に打つ

> 読点（テンまたはコンマ）は、「息の切れ目」ではなく、文（センテンス）の構造がわかりやすくなるような位置に打ちましょう。

文（センテンス）の構造がわかりやすくなるような位置に読点を打つ

　読点（テンまたはコンマ）の打ち方については、定着したルールがないのが実情です。「息の切れ目に打つ」と書いてある手引書が多いようですが、「息の切れ目」は主観に左右されるため、説得力がありません。

　ここでは、英文のコンマの打ち方が文の構造を理解する手助けとなることからヒントを得て作られた下記のルールをご紹介します。

● 複文または重文の間に打つ
　例：血圧が徐々に低下してきたので、担当の医師に連絡して診察してもらった。

● 単文で主部が長い場合に主部と述部の間に打つ
　例：利用者の安全確保のために行動を制限することが、必要な場合もあります。

● 主語（主部）のあとの目的語が長い場合にその前後に打つ
　例：介護施設の管理責任者は、施設に所属する介護スタッフにより作成される業務日誌やケース記録などを、定期的にチェックする必要があります。

● 3つ以上の語句を並列させる場合に各語句の間に打つ
　例：人気のレクリエーションゲームは風船バレーボール、ジェスチャーかるた、お手玉ダーツです。

● 記述内容に条件をつける句のあとに打つ
　例：ヒヤリハットや事故に該当する出来事については、その日のうちに報告書を書かなければなりません。

※このほか、文頭の接続詞（「しかし」、「つまり」、「また」など）のあとにも読点を打ったほうが、前の文との関係が明確になってよいでしょう。

読点を打つ位置が不適切で文意がわかりにくいケース①

問題のある記録文の例
看護師からGさんの状況を担当医に伝えてもらいご家族（長男）にも、連絡を入れた。

問題点 読点の打ち方が不適切なため、内容の理解に時間がかかる。

改善後の記録文の例
看護師からGさんの状況を担当医に伝えてもらい、ご家族（長男）にも連絡を入れた。

改善点 複文の主節と従属節の間に読点が入ったため、文の意味がとりやすくなった。

読点を打つ位置が不適切で文意がわかりにくいケース②

問題のある記録文の例
ヒヤリハットが起こった直接の原因はお茶を置く位置が不適切だったことにある。

問題点 長い主部と述部の間に読点がないため、構造がわかりにくい。

改善後の記録文の例
ヒヤリハットが起こった直接の原因は、お茶を置く位置が不適切だったことにある。

改善点 どこまでが主部でどこからが述部なのかはっきりわかるようになった。

読点を打つ位置が不適切で文意がわかりにくいケース③

問題のある記録文の例
最低5年間は記録類を保管しておく必要がある。

問題点 「記述内容の範囲や条件を示す句」のあとに読点がないため、構造がわかりにくい。

改善後の記録文の例
最低5年間は、記録類を保管しておく必要がある。

改善点 範囲や条件を示す句が点で区切られたため、文意がとりやすくなった。

「は」「が」「を」「に」「と」などの助詞を適切に使う

> 文の意味がわかりにくい文章や、意味はわかるけれど違和感があるといった文章にならないように、文の構成状況ごとに適切な助詞を使い分けるようにしましょう。

「は」と「が」を適切に使い分ける

　主語のあとに主語の具体的な内容を表す補語が来る場合は、原則として、主語のあとに「は」をつけます（例：吉岡さんは元看護師です）。ただし、主語を特別扱いしたい場合は、「は」の代わりに「が」をつけます（例：吉岡さんが喧嘩の相手でした）。

　一方、主語のあとに行為や動作を表す動詞が来る場合は、原則として、主語のあとに「が」をつけます（例：田中さんが転倒しました）。ただし、主語を特別扱いしたい場合は、「が」の代わりに「は」をつけます（例：田中さんは転倒しませんでした）。

「を」と「が」を適切に使い分ける

　他動詞（他に働きかける動詞）の目的語には、「を」をつけます（例：○○さんは、箸を落としてしまった）。ここでは、「落とす」の目的語が「箸」です。

　ただし、「○○さんはニンジンが嫌いです」の場合は、「を」ではなく「が」を使います。それは、「嫌い」が他動詞ではなく形容詞の一種である形容動詞だからです。

　また、「○○さんは自立歩行ができます」の場合も、「できる」は他動詞ではなく可能を表す助動詞ですから、「を」ではなく「が」を使います。

「を」と「に」や「と」などを適切に使い分ける

　たとえば、「息子さんが○○さんに会いました」（「と」でもよい）という表現は適切ですが、「息子さんが○○さんを会いました」という表現は不適切です。それは、「会う」が目的語をとる他動詞ではなく自動詞だからです

※「○○さんと会いました」の「と」は、相手との動作・行為の共有を表します。

「は」と「が」の使い分けが不適切なケース

問題のある記録文の例

昨日、Eさんの長男は面会に来ました。

問題点 主語のあとに「は」が来ているため、違和感がある。

改善後の記録文の例

昨日、Eさんの長男が面会に来ました。

改善点 「は」が行為の主体を表す「が」に置き換えられたため、違和感のない表現になった。

「を」と「が」の使い分けが不適切なケース

問題のある記録文の例

利用者のなかには、通常のコミュニケーションをできない人もいます。

問題点 「できない」は助動詞なので、目的語のあとに「を」をつけると不自然。

改善後の記録文の例

利用者のなかには、通常のコミュニケーションができない人もいます。

改善点 「を」が「が」に置き換えられたため、違和感のない表現になった。

「に」と「を」の使い分けが不適切なケース

問題のある記録文の例

4月14日に、利用者のご自宅に訪問しました。

問題点 「訪問する」は他動詞なので、目的語のあとに「を」をつけないと不自然。

改善後の記録文の例

4月14日に、利用者のご自宅を訪問しました。

改善点 「に」が「を」に置き換えられたため、違和感のない表現になった。

Part5のまとめ

文章を書くための8つのポイント

① 数字・単位記号・かっこの使い方を統一する

② 専門用語や略語を必要以上に使わない

③ わかりにくいカタカナ語や指示語を使わない

④ 語調（文体）を統一し適切なレベルの敬意表現を使う

⑤ 文（センテンス）の基本構造を意識して書く

⑥ 読点を文（センテンス）のなかの適切な位置に打つ

⑦ 「は」「が」「を」「に」「と」などの助詞を適切に使う

⑧ 情緒的な形容詞・副詞や感動詞を使用しない

巻末資料

介護記録を書くために必要な基礎知識
── 身体各部の名称・体肢位、介護関係の専門用語、介護関連法規 ──

****

ここでは、介護記録を書くために知っておく必要がある知識として、身体各部の名称および姿勢の説明図を示し、介護関係の専門用語を概説します。また、介護記録の作成に関係する介護関連の法規や基準も記載します。この巻末資料を読んで、介護記録を書くための基礎知識を身につけ、実際の業務のなかで必要に応じて参照・活用してください。

- ●身体各部の名称……………………………………………………P134
- ●姿勢（体位・肢位）の呼称………………………………………P136
- ●介護に関係する専門用語…………………………………………P138
- ●介護および介護記録に関連する法律・省令・ガイドライン……P157

身体各部の名称

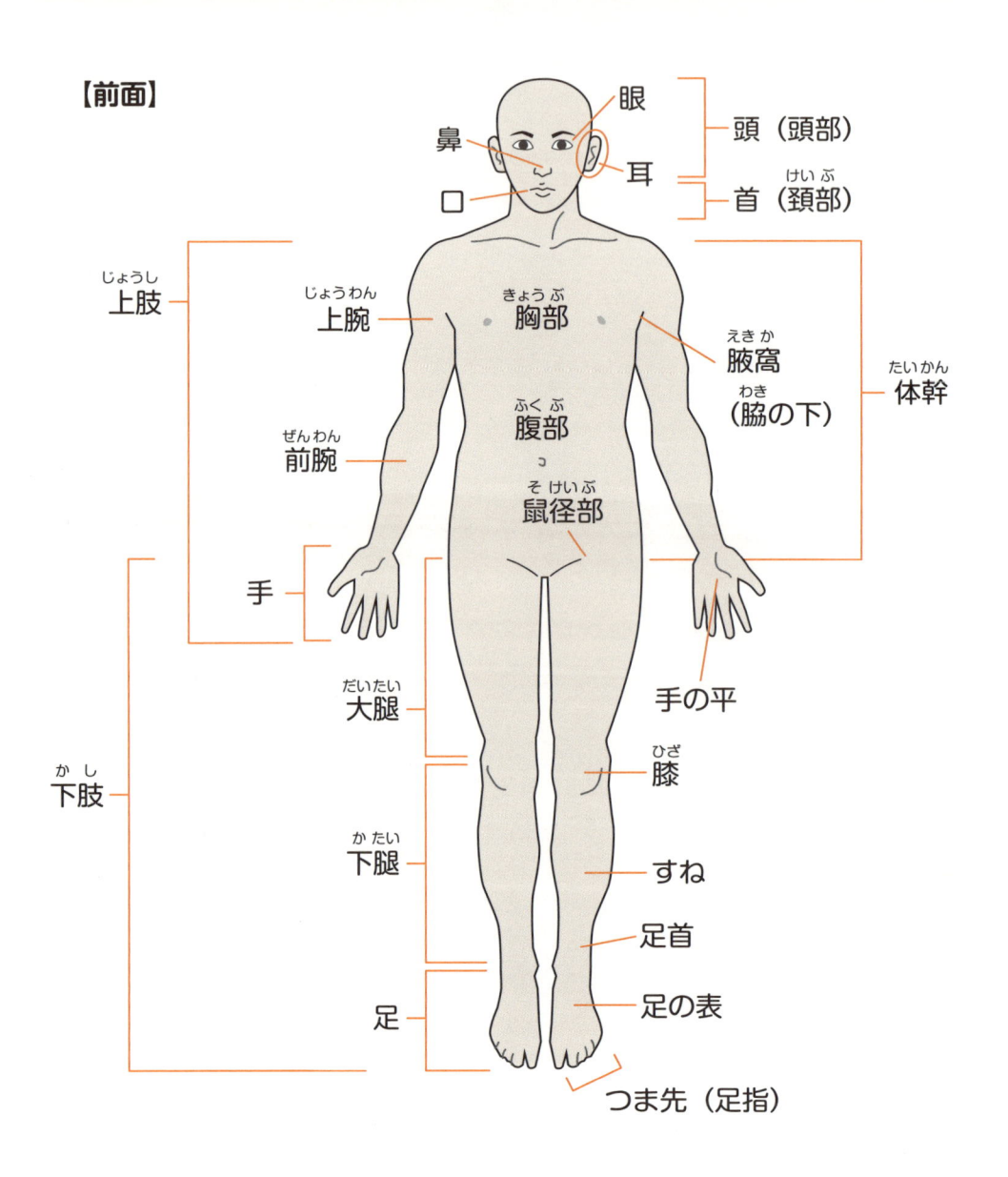

【前面】

- 眼
- 鼻
- 耳
- 口
- 頭（頭部）
- 首（けいぶ 頚部）
- 上肢（じょうし）
- 上腕（じょうわん）
- 胸部（きょうぶ）
- 腋窩（えきか）（脇の下（わき））
- 体幹（たいかん）
- 前腕（ぜんわん）
- 腹部（ふくぶ）
- 鼠径部（そけいぶ）
- 手
- 手の平
- 大腿（だいたい）
- 膝（ひざ）
- 下肢（かし）
- 下腿（かたい）
- すね
- 足首
- 足
- 足の表
- つま先（足指）

巻末資料　身体各部の名称

134

介護記録を書く際には、身体各部の名称を書かなければならないことがあります。頚部や鼠径部といった専門用語を使う必要はありませんが、医師や看護師とのコミュニケーションにおいて必要な場合もあるので専門的な用語もしっかり覚えておきましょう。

【背面】

- 頭（頭部）
- 後頭
- 首（頚部／けいぶ）
- 肩
- 背部（背中）／はいぶ
- 体幹／たいかん
- 肘／ひじ
- 腰部／ようぶ
- 臀部（お尻）／でんぶ
- 手首／てくび
- 手の甲
- 手指／しゅし
- 膝の裏
- ふくらはぎ
- 踵／かかと
- 足の裏
- 足指

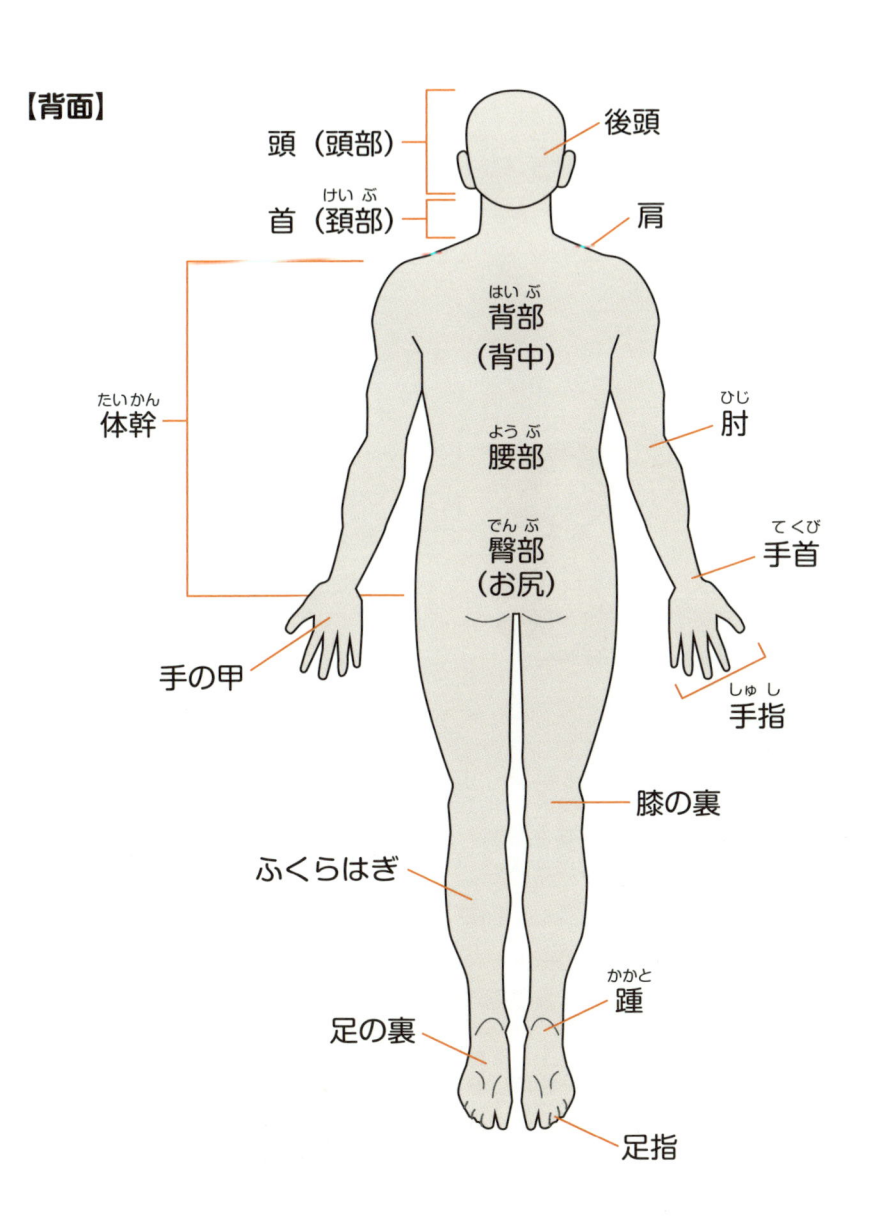

135

姿勢（体位・肢位）の呼称

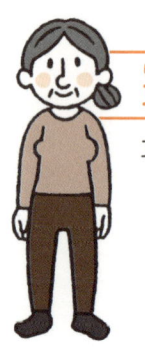

立位（りつい）
立った姿勢

長座位（ちょうざい）
両足を伸ばした状態で座った姿勢

あぐら座位（あぐらざい）
足を内側に組んで座った姿勢

膝立ち位（ひざたちい）
両膝を曲げて上半身を起こした姿勢

割り（とんび）座位（わり（とんび）ざい）
膝を曲げ両足を外側に開いてお尻を床につけた姿勢

正座（せいざ）
両膝を曲げて座った姿勢

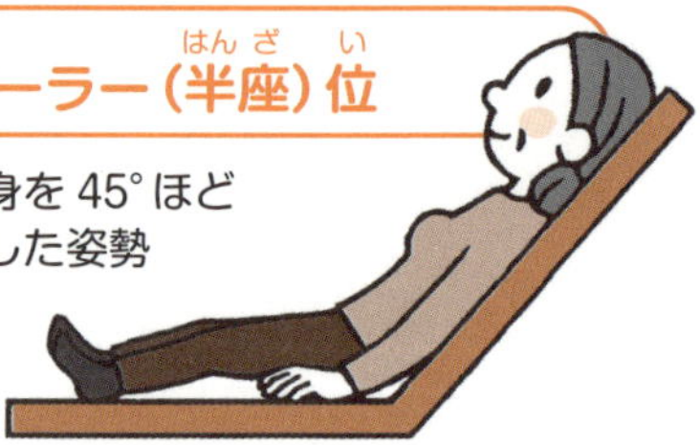

ファーラー（半座）位（ファーラー（はんざ）い）
上半身を45°ほど起こした姿勢

巻末資料　姿勢（体位・肢位）の呼称

介護現場で見られる姿勢にはそれぞれ呼び名があります。介護記録では基本的にもっともわかりやすい言い方を用いますが、これらの呼称はしっかり覚えておきましょう。

椅座位（きざい）
椅子に座った姿勢

端座位（たんざい）
ベッドや台の端に腰かけた姿勢

四つ這い（よばい）
両手・両足を床につけた姿勢

背臥位（仰臥位）（はいがい／ぎょうがい）
仰向けに寝た姿勢

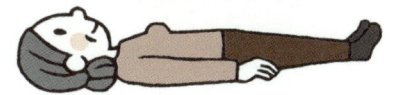

右側臥位（左側臥位）（みぎそくがい／ひだりそくがい）
右／左どちらか横向きに寝ている姿勢

腹臥位（ふくがい）
お腹を下にして寝ている姿勢

介護に関係する専門用語

介護に関する専門用語を下記に分類して言葉の意味を概説しています。

■ **介護に関する専門用語**
　◇介護サービス全般に関係する用語………………………………P138
　◇介護サービスの具体的内容に関係する用語……………………P143
　◇介護サービス利用者の行動・行為に関係する用語……………P144
　◇介護サービス利用者の状況に関係する用語……………………P145

■ **医療・看護に関する専門用語**
　◇高齢者がかかりやすい疾病・症状・検査に関係する用語………P148
　◇高齢者医療でよく使われる医薬品………………………………P152
　◇高齢者介護・医療でよく使われる医療・看護ツール……………P153
　◇高齢者医療に関係する医療・看護行為…………………………P155

＊介護に関する専門用語

介護サービス全般に関係する用語

あ

アカウンタビリティ（説明責任）：介護サービスを提供する事業者が介護サービスの利用者とその家族にサービスの内容や重要な事項を十分に説明する責任のこと。

アセスメント（利用者の状況把握／課題分析）：利用者に必要な介護サービスがどのようなものかを明らかにするために、サービス利用者に関する情報を収集して分析すること。

医療除外行為：厚生労働省によって、医師や看護師以外でも行うことができると定められた行為（検温・血圧・脈拍のチェック、爪切り、湿布の貼つけ、軟こう塗布、座薬挿入、薬の内服の介助、浣腸、口腔内の汚れの除去など）。

エコマップ：介護のニーズをもつ人に対してどのような社会資源（家族、社会福祉施設、親戚、保険など）があるかを円や矢印を使ってマップに書き表したもの。

か

介護：日常生活を自立的に過ごすことが困難な人に必要なケアを施すこと。

介護記録：介護サービスの一連の過程を定型的に記録したものであり、介護関係者がサービス利用者にかかわる情報を共有し、効率よく質の高い介護を行うための情報ソースとなる。ケアプラン、介護計画書、フェイスシート、サービス提供記録、生活記録

表、ケース記録、アセスメント表、モニタリング表、ヒヤリハット報告書、事故報告書などがある。

介護サービス（提供）事業者：要支援者、要介護者に対して、各人が必要とする介護サービスを提供する事業者のこと。厚生労働省により、指定居宅サービス事業者、指定地域密着型サービス事業者、指定居宅介護支援事業者、介護保険施設事業者、指定介護予防サービス事業者、指定地域密着型介護予防サービス事業者、指定介護予防支援事業者の7類型が定義されている。

介護予防：介護が必要な状態にならないように要支援者に対して行う各種の取組みのこと。具体的には、身体機能や認知機能の向上、栄養状態の改善などを指す。

介助：介護サービス利用者の個々の行為（食事、入浴、立上り、歩行、排泄など）を手助けすること。利用者の主体性を尊重する形で行う。

会話の語調：サービス利用者と会話するときの言葉づかいのこと。利用者のプライドを傷つけないよう、相手が「です・ます調」の場合に「だ調」（「～だよ」など）で話さないといった配慮が必要。

業務日誌：介護サービス提供事業者が1日に起こった出来事を記録する日誌のこと。この日誌は、事業者が業務内容を記録し管理するためのものであり、サービス利用者の名前、利用内容、利用時間、提供サービスに関する特記事項などを記載する。

ケアプラン（介護サービス計画）：介護支援専門員（ケアマネジャー）がサービス利用者の生活状況や心身の状態を勘案して作成する介護サービス計画のこと。利用者や家族と相談しながら、サービスの種類、サービス提供の日数・時間帯などの内容を設定する。

ケアマネジメント（介護管理）：介護サービス提供事業者が利用者に提供するサービス全体を適切に組み立てて管理すること。

ケアマネジャー（介護支援専門員）：介護サービスの利用者（利用希望者）や家族から必要な情報をヒアリングしてケアプランを作成し、介護サービス事業者から適切なサービスが受けられるようコーディネートし、定期的に利用者や家族と話し合ってサービス内容を調整する役割を担う専門資格者。

ケアワーカー（介護福祉士）：ケア（介護）を仕事とする専門職員で、国家資格として位置づけられている。主に、食事、入浴、排せつ、着替えなどの生活支援を行う。「介護士」という通称もよく使われる。

傾聴の姿勢：サービス利用者の話をゆっくりとていねいに聞く姿勢のこと。利用者との日常的なコミュニケーションにおいてもっとも重視されるポイントである。

ケースカンファレンス（事例検討会）：介護サービス提供事業所が提供しているサービスの提供方法や水準（品質）に問題がないか、あればどう改善したらよいかなどを、具体的な事例を使って検討するた

めにサービス担当者が集まって行う会議のこと。

ケース記録：介護サービス利用者に対してどのようなサービスをどのように提供したか、また利用者がどのような状態でどのように過ごしたかを1日単位で記録したもの。

グループホーム：広義では、病気や心身の障害によって通常の生活が困難な人たちが、介護福祉士などの支援を受けながら集団で生活するための住宅。認知症高齢者が5～9人で暮らす「認知症対応型共同生活介護ホーム」を指す場合もある。

コンプライアンス：狭義では、法令遵守のこと。一般的には、法令、社会規範、倫理を遵守することを指す。介護サービス提供事業者は社会的弱者である高齢者や障害者を対象としているため、一般企業より厳しい規範や行動指針が必要となる。

さ

サービス担当者会議：ケアプランの作成時と介護サービスの実施状況を検討する必要があると判断されたときに開催される会議で、ケアプランの作成（変更）と介護サービスの提供にかかわる関係者（ケアマネジャー、介護スタッフ、利用者（家族）など）が参加する。介護サービス提供開始後の会議では、ケアプランの再検討が必要と判断される場合もある。

サービス提供記録：訪問介護サービスにおいて、利用者に対してどのようなサービスをどのように提供したか、また利用者がどのような状態でどのように過ごしたかを1日単位で記録したもの。

在宅介護：自宅に居住している高齢者や心身障害者など、日常生活に支障がある人を介護すること。介護保険制度の要介護度（要支援度）に応じて、訪問介護、デイサービス、ショートステイなどの在宅介護サービスを利用することができる。

事故報告書：介護サービス提供中に利用者に事故が起こった場合に作成する報告書。作成の目的は、事故の発生状況とその原因を明らかにして同様の事故の発生を防ぐことにある。このほか、利用者の家族や自治体等の監督部署に正確な情報を報告するための記録でもある。

自費サービス：介護サービスを必要とする人がサービス提供事業者と契約して受ける介護保険の適用範囲外のサービスのこと。泊まり込みの介護、家事の手伝い、外出の付添い、話し相手などが該当する。

障害者総合支援法：正式名称は「障害者の日常生活及び社会生活を総合的に支援するための法律」（平成25年施行）。障害者および障害児が自立した日常生活や社会生活を営むことができるように障害福祉サービスその他の支援を行うことを定めた法律。

ショートステイ：介護を必要とする人が施設に短期間入所して日常生活の支援や機能訓練などを受ける介護サービスのこと。

自立支援：現在は介護を必要としている人が日常の生活動作・行為を他人の助けを借りずに行えるように支援すること。自立支援には、身体面だけでなく精神面での自立、本人の主体性や意思の尊重も含まれる。

人格の尊重：介護サービスの提供においては、サービスを受ける人の人格を尊重することが求められる。そのためには、利用者本人がどのような価値観や考えをもっているのかをしっかり把握し、それに即した対応をする必要がある。

生活記録表（チェックシート）：介護記録の一種で、毎日のバイタル（体温、脈拍、血圧など）、起床・就寝時刻、食事量、水分摂取の回数・量、排泄の回数・内容などを数値で記録するための表形式のシート。

成年後見制度：認知症、知的障害、精神障害などが原因で物事を判断する能力が十分でない人について、本人の社会的な権利を守る援助者（「成年後見人」など）を選ぶことによって本人を法律的に支援する制度。

た

地域包括支援センター：平成17年の介護保険法改正に基づいて、地域住民の保健・福祉・医療の向上、虐待防止、介護予防マネジメントなどを行うために市区町村に設置された機関。センターに所属する保健師、主任ケアマネジャー、社会福祉士が連携しながら業務を行う。

チームケア：介護施設や在宅環境において、介護、看護、リハビリ、医療、福祉などの専門職がチームを組んで介護を必要とする人のケアを行うこと。

は

バイタルサイン：人間が生きていることを示す主要な兆候のこと。一般的には、体温、血圧、脈拍、呼吸数の4つを指すことが多い。

非言語的コミュニケーション：言葉で表すのではなく、表情、姿勢、身振り・手振りなどで、意思を伝えるコミュニケーション方法。特に、認知症が進んだ利用者とのコミュニケーションには、この方法が不可欠。

ヒヤリハット報告書：介護サービスの提供中にヒヤリとしたことやハッとしたこと（一歩間違えば事故につながった可能性がある出来事）を具体的に記載した報告書のこと。事故の背後にその何倍ものヒヤリハットが隠れていると考えられるため、事例情報を収集・分析して事故の未然防止策を講じることが目的。

フェイスシート：介護サービスの利用者の氏名、年齢、性別、住所、家族構成、健康状態、既往歴などの情報を記録したもの。

訪問介護：介護を必要とする人が在宅のままで受けられる介護保険サービスの1つ。訪問介護員（ホームヘルパー）などがサービス利用者の自宅を訪問して、入浴、排泄、食事などの介助、調理、洗濯、掃

除等の家事援助、生活などに関する相談・助言などを行う。

ま

モニタリング（ケア状況のチェック）：ケアプランに基づく介護サービスの実施状況や内容を定期的にチェックすること。モニタリング結果を時系列的に確認することで、問題や課題を発見したり改善状況を把握したりすることができる。

や

ユニットケア：個人の人格を尊重し自立を阻害することがないように、介護施設のなかで10人以下のグループを1つの生活単位（ユニット）とし、家庭的な雰囲気のなかでケアを行うこと。ユニットの居室はすべて個室だが、リビング、浴室、トイレなどは共用。

ら

リスクマネジメント：介護における事故（転倒、転落、異食、誤嚥、容態の急変など）の発生リスクを予見し、予防策を立てて関係者に周知すること。

レクリエーション：介護サービスの重要な要素の1つで、サービス利用者の生活の質を高めるために効果的な手段。カラオケ、体操、ゲーム、運動、編み物、習字、畑仕事、散歩など。

連絡ノート：介護サービス利用者の様子を家族に伝えるために使われる連絡帳と、介護サービスの関係者どうしがサービス提供状況の連絡用として用いる連絡ノート（施設のフロアやユニット単位で利用）の2種類がある。

A to Z

ADL（Activities of Daily Living：日常生活動作）：介護サービス利用者の生活基本動作のこと。食事、更衣、整容、洗面、歯磨き、入浴、排泄、移動などを指す。

IADL（Instrumental Activities of Daily Living：手段的日常生活動作）：日常生活動作（ADL）より複雑で応用的な動作のこと。買物、洗濯、掃除、金銭管理、服薬管理、車の運転などを指す。

OT（Occupational Therapist：作業療法士）：医師の指示に基づき、身体や精神に障害のある人に対して、何らかの作業を行うことを通じて機能の回復・維持・開発を促す専門職のこと。

PT（Physical Therapist：理学療法士）：身体の機能に支障がある人に対する物理的な機能の回復（リハビリテーション）訓練を援助する専門職のこと。

QOL（Quality Of Life：生活の質）：生活に必要な物質の充足、生活基本動作の自立、精神面での充実感などから総合的に評価される生活全体の質のこと。

ST（Speech Therapist：言語聴覚士）：言語や聴覚に支障のある人に対して、コミュニケーション機能の向上を目的に各種の援助を行う専門職のこと。

介護サービスの具体的内容に関係する用語

あ

医療的ケア：医師の指導の下に、保護者、看護師、介護福祉士、ヘルパーが日常的または応急的に行う経管栄養や痰の吸引など。

腋窩検温（えきか）：脇の下に体温計を挟んで体温を測ること。検温前に汗を拭きとることが必要。

か

グリーフケア（悲嘆ケア）：身近な人と死別して悲しみに暮れている人が立ち直れるように精神的なケアをすること。ただ励ますのではなく、その人の気持ちに寄り添う姿勢が大切。

減塩食：高血圧や浮腫（ふしゅ）を伴う疾患のある人向けに、食塩の使用量を減らした食事のこと。

口腔ケア：狭義では口腔の清掃（口のなかの汚れ、歯に付着した汚れを除くこと）を意味し、広義では加齢や病気によって衰えた口の機能の回復を図る訓練も含まれる。

さ

作業療法：身体または精神に障害がある人に対して、手芸、工作その他の作業を通じて応用的動作能力や社会的適応能力の回復を図ること。

手浴（しゅよく）：手首または肘から先をお湯に浸すことで血行をよくする温浴法。「てよく」とも言う。

食事介助：狭義では、自分でうまく食事ができない人のために手助け（介助）をすること。広義では、食前・食事中・食後の食事環境をトータルでサポートすること。

清拭（せいしき・ぬ）：濡れタオルで身体を拭くことによって清潔を保つ方法。手、足、臀部（でんぶ）など身体の一部を拭く部分清拭と、全身を拭く全身清拭とがある。

整容：身なりを整えること（洗面、散髪・整髪、爪きり、歯や口腔の手入れ、更衣など）を指す。

足浴（そくよく）：足首から先をお湯に浸すことで血行をよくしたり体を温めたりする温浴法。「あしよく」とも言う。

ソフト食：舌で押しつぶせるくらいの硬さで、食べやすい大きさに成形されており、すべりがよく喉（のど）を通りやすい食事。

な

入浴介助：自力での入浴が困難な人に対して手助け（介助）をすること。ほぼ自立できている人を対象とした見守り、部分的に麻痺のある人を対象とした入浴介助、寝たきりの人や車椅子に乗ったままの人を対象とする機械浴の介助などがある。

は

排泄管理（はいせつ）：介護サービス利用者の排泄状況をチェックし、できるだけ自立的に排泄できるように促すこ

と。また、その情報を体調管理や食事管理に役立てること。

バイタルチェック：バイタルサイン（体温、血圧、脈拍など）を定期的または必要に応じてチェックすること。

服薬管理：介護サービス利用者の服薬（医師から処方された薬を指示どおりに服用すること）を管理すること。服薬は利用者の健康、ひいては命にかかわる事柄なので、薬と一緒に服用指示書のコピーを預かるなどして、飲み忘れや飲み間違いが起こらないよう注意する必要がある。

介護サービス利用者の行動・行為に関係する用語

あ

異食：食べてはいけないもの（紙、草、土、化粧品、電池、洗剤、タバコ、自分の便など）を口に入れたり、食べたりすること。重度の認知症になると、食物とそうでない物との区別がつかなくなることがある。また、食欲中枢の障害や味覚障害がある場合も、通常では考えられない物を口に入れてしまうことがある。

移乗：介護される人が、車椅子からベッド、ベッドから車椅子、車椅子から椅子、車椅子から車などへ移る動作のこと。移乗の介助に際しては、本人の意思や能力を活かすようにすることが大切。

嚥下（えんげ）：狭義には食物を口から喉の奥（食道）に飲み込むことを指すが、広義には食物を口から胃まで運ぶ飲み込み運動全体のことを指す。

か

喀痰（かくたん）：痰を「気道⇒口」経由で吐きだすこと、または排出された痰のこと。痰とは、気道から排出される粘り気のある液状物質。

喀血（かっけつ）：気管、気管支、肺などの呼吸器から口や鼻を通じて出血すること。咳などと一緒に起こり、液体は鮮やかな赤色をしている。

含嗽（がんそう）**（うがい）**：喉の粘膜や口腔内を清潔に保つため、あるいは感染予防や治療のために、水や薬液を口に含んで呼気によって攪拌して口外に排出すること。

誤飲：誤って異物（有害な物や危険な物）を飲み込んでしまうこと。異物とは、気管に詰まって窒息を起こす恐れのある物、気管、食道、胃などを傷つける恐れのあるもの、体に毒性のある物などを指す。

誤嚥（ごえん）：本来は食道を通って胃に送られなければならないものが、誤って気管内に入ってしまうこと。通常は誤嚥が起きても、咳などの反射が起きて異物が排出されるが、加齢や脳卒中などで意識障害や麻痺、機能低下などがある場合は、誤嚥しやすくなる。

さ

失禁：排泄機能がうまく働かなくなって起きる尿失禁と便失禁を指す言葉。便失禁は神経系の障害や肛

門括約筋が弱って起こり、尿失禁は排尿に関係する神経障害、膀胱・尿道の障害、骨盤底のゆるみ、大脳皮質の障害などによって起こる。

褥瘡（床ずれ）：長時間同じ姿勢で寝たり座ったりしていることで身体の同じ部位に圧力が持続的に加わって血液の流れが悪くなり、皮膚やその下にある組織が死んでしまう状態を指す。

咀嚼力低下：食物を歯で噛んで砕いたり細かくすりつぶしたりする力（咀嚼力）が低下すること。咀嚼は食物の消化を助ける役割を担うので、咀嚼力の低下は高齢者の健康維持に負の影響を及ぼす。

た

吐血：食道、胃、十二指腸などの消化器から口や鼻を通じて出血すること。胃液が混ざっていることが多いため、液体は暗赤色、褐色、または黒色をしている。

は

排便：大便を体外に排泄すること。1日1回が理想だが、1日2回、2日に1回も可。3日以上に1回は便秘状態。

排尿：小便（尿）を体外に排泄すること。1日（朝起きてから夜寝るまで）の排尿回数が8回以上の場合を頻尿と呼ぶ。

不眠：夜なかなか眠りつけないこと、眠りが浅く何度も目をさますため睡眠時間が足りなくなること。これは、通常は一過性の状態だが、この状態が続くと不眠症になる。

ら

良眠：夜よく眠れて睡眠時間が十分とれている状態。また、睡眠中に何度も目をさましたり、うなされたりすることがない状態のこと。

弄便：便を弄ぶ行為を指す。便を自分の手でとり除こうとし、手が気持ち悪いので壁などになすりつけようとするケースが多い。また、何だかわからずにいじってしまうケースもある。

介護サービス利用者の状況に関係する用語

あ

意識障害：物事を正しく理解したり判断したりする能力や周囲の刺激に適切に反応する能力が損なわれている状態のこと。結果として行動異常を起こす場合もある。

うつ状態：気分が落ち込んで元気がなくなったり、心身の不調をきたしたりした状態を指す。これは、通常は一過性の状態であり、うつ病とは異なるが、この状態が継続してうつ病に至ることもある。

円背：脊椎が丸まるように湾曲した状態のことで、猫背、亀背、脊椎後湾曲とも呼ぶ。姿勢が悪い状態が習慣化したことによる湾曲、生まれつきの湾曲、脊椎の疾患や骨折による湾曲などがある。

オストメイト：直腸がんや膀胱がんなどによって排泄機能が正常に働かなくなったため、人工肛門や人工膀胱を装着している人を指す。

か

臥位（がい）：寝た状態の姿勢を表す言葉。上を向いて寝ている姿勢を表す仰臥位（ぎょうがい）（背臥位（はいがい））、横を向いて寝ている姿勢を表す側臥位（そくがい）、うつぶせになった伏臥位（ふくがい）（腹臥位（ふくがい））などがある。

感覚障害：特殊感覚（視覚・聴覚・嗅覚・味覚・平衡覚）や皮膚感覚（触圧覚・温覚・冷覚・痛覚）などの感覚のうちの1つまたは複数が鈍磨したり機能しなくなったりすること。高齢者では、感覚障害によっていろいろな事故が起こる恐れがあるので、注意が必要である。

既往歴：これまでにかかった病気の履歴のこと。小児期、思春期、青年期、成人期といった時期ごとに、疾患名、治療内容、治療結果をまとめたもの。

虐待：子ども、高齢者、身体・精神障害者のように介護や保護が必要な人に対し、長期的に暴力を加えたり、嫌がらせ行為を継続的に行なったりすること。介護サービスの利用者はいわゆる「弱者」であり、家族や介護関係者から虐待を受ける恐れがあるため、利用者の状態観察を通じて虐待の有無を確認する必要がある。

傾眠（けいみん）：意識混濁の一種で、声をかけたりゆすったりすれば覚醒するが、またじきに意識が混濁してしまう状態。自分がいる場所や時間がわからなくなったり、直前の出来事の記憶がなくなったりすることが多い。

言語障害：聴く・話す・読む・書くといった言語能力が低下または喪失した状態を指す。原因は、脳血管障害や頭部外傷による大脳の言語中枢の損傷など。

健側（けんそく）：障害がある側（患側）に対して、障害を受けていない側を指す言葉。たとえば、脳血管疾患によって左半身に麻痺がある人の場合は、右半身（右側）を健側と呼び、左半身（左側）を患側と呼ぶ。

見当識障害：自分自身や自分が現在おかれている状況・環境を理解する能力（見当識）が低下した状態のこと。日付、朝・夜の別、季節などが認識できない「時間の見当識障害」、住んでいる場所や現在いる場所が認識できない「場所の見当識障害」、日々接している家族や周囲の人たちを認識できない「人物の見当識障害」に類別できる。

拘縮（こうしゅく）：関節を形成する軟部組織の変化によって関節をうまく動かせなくなっている状態を指す。拘縮のほとんどは後天性。原因としては、長期的な臥床（寝たきり）による廃用症候群や脳血管障害・脊髄損傷による麻痺などが考えられる。

行動障害：身体機能や精神機能に問題が生じることによって、周囲の環境に適合する行動や人間らしい行動・判断をすることが困難になった状態を指す。

さ

座位：狭義では、上半身を90°に近い状態に起こした姿勢のこと。広義では、椅子に腰かけた姿勢の椅座位、ベッドに腰かけた姿勢の端座位、両下肢を伸ばして座った姿勢の長座位、正座位、あぐら座位などの総称。

失行：運動障害、知能障害、意識障害などがなく、何をなすべきか理解しているにもかかわらず、その行為を遂行できない状態を指す。原因は、脳の一部に生じた器質的障害である。

失認：意識障害や認知症がなく感覚機能も正常で、対象の存在を知覚することができるにもかかわらず、ある物に触ってもその形がわからない、ある物を見てもそれが何かわからないといったような状態のこと。原因は、脳の一部に生じた器質的障害である。

振戦（しんせん）：本人の意思と無関係に生じる律動的な細かい震えのこと。原因は、疲労、ストレス、不安、パーキンソン病、甲状腺機能亢進など。

摂食障害：拒食症（神経性食欲不振症）や過食症など、身体的な病気がないのに食事がとれなかったり、逆に食べすぎたりしてしまう病気の総称。問題状態が長期間続き、しかも、体型や体重に対する強いこだわりがあるのが特徴。

せん妄状態：病気、入院、転居といった環境の変化などが原因で脳がうまく機能しなくなり、話す言葉や行動に一時的混乱が見られる状態。

は

徘徊（はいかい）：認知障害や意識障害のある人があてもなく歩き回る様子を指す言葉。ストレス、不安、緊張などが、徘徊の増幅要因になると考えられる。

頻尿：尿の回数が通常の状態より多いこと。一般的に、起きている間に8回以上の排尿がある場合を頻尿と呼ぶ。

浮腫（ふしゅ）（むくみ）：皮下組織（皮膚の下部）に余分な水が溜まって手足、背中、顔などがむくんだ状態を指す。

ま

麻痺：中枢神経や末梢神経の障害により、手や足などが運動機能を失って自力で動かせなくなっている状態（完全麻痺）または、それに近い状態（不完全麻痺）を指す。

脈拍：心臓の拍動による動脈血管壁の波動を指す。脈拍数は、成人で1分間に60～80が正常範囲。100以上を頻脈（ひんみゃく）、50以下を徐脈、律動の不規則なものを不整脈と呼ぶ。

ら

立位（りつい）：まっすぐ立っている姿勢のこと。立位では、両足に体重が等分にかかり、左右の腸骨、両肩の位置が偏っていないことが望ましい。

＊医療・看護に関する専門用語

高齢者がかかりやすい疾病・症状・検査に関係する用語

あ

院内感染：病院内において、患者、その家族、医師、看護師、医療器具などを通じて感染症が他の患者に感染すること。近年、MRSA（多剤耐性黄色ブドウ球菌）やVRE（バンコマイシン耐性腸球菌）の院内感染が大きな問題となっている。

インフォームドコンセント：医師が患者に検査・診断の内容、治療の目的、治療方法、期待される効果・結果、可能性のあるリスクなどを十分に説明し、患者や家族の同意を得ること。

黄疸（おうだん）：血液中に含まれるビリルビンという色素が何らかの原因で増加し、全身の皮膚や粘膜に過剰に沈着して黄色く見える状態。主な原因は、肝炎や肝硬変などの肝臓の疾患や胆汁の排泄経路である胆管系の異常。

か

疥癬（かいせん）：ヒゼンダニ（疥癬虫）が皮膚の角質層に寄生して赤い発疹や腫れ（は）を起こす疾患。近年、病院、高齢者施設、養護施設などでの集団発生が増加しており、感染防止対策マニュアルの作成が行われている。

がん（悪性腫瘍（しゅよう））：体の細胞の一部が勝手に増殖して塊となったものを腫瘍と言い、そのなかで細胞が無制限に増殖して周囲の正常な細胞を破壊したり他の部位に転移したりするようなものを悪性腫瘍と呼ぶ。

感染症：ウイルスや細菌などの微生物が体のなかに侵入し、いずれかの部位で増殖するために起こる病気のこと。感染症の多くは周囲の人に伝染する危険があるので、伝染予防に注意を払う必要がある。

記憶障害：事故や疾病によって脳の記憶にかかわる領域の一部が損傷した場合などに、物事を覚える能力や覚えたことを思い出す能力が低下すること。「日付や場所がわからない」、「人の名前や顔が思い出せない」、「同じ質問を何度も繰り返す」などの行動や状態が見られる。

気管支喘息（ぜんそく）：気管支の炎症により気道の過敏性が亢進し、気道が細くなって発作的な喘鳴（ぜんめい）を起こす疾患。発作は夜間や明け方に多い。また、喘息患者がアスピリンなどの鎮痛解熱薬を服用すると、その20％が喘鳴発作を起こすことが報告されている。

起立性低血圧：臥位（が い）（寝た状態）や座位から急に立ち上がったときなどに急激に血圧が下がること。ふらつき、めまい、動悸（どうき）、眼前暗黒感が生じ、ときには失神することもある。

クモ膜下出血：脳を保護する3層の膜（外から硬膜、クモ膜、軟膜）の1つであるクモ膜の下に出血した状態を指す。主な原因は、脳の血管のふくらみである「脳動脈瘤（りゅう）」の破裂。

巻末資料　介護に関係する専門用語

148

血圧：血液が血管壁を押す圧力のこと。血圧の測定では、収縮期血圧（最大血圧）と拡張期血圧（最小血圧）が測られる。正常値は、最大血圧が130mmHg未満、最小血圧が85mmHg未満とされている。

血糖値：血液内のブドウ糖（グルコース）の濃度を表す数値。通常は、空腹時（9時間以上何も食べたり飲んだりしていない状態）の血液を採取して数値を測る。高齢者には糖尿病患者が多いため、注意が必要。

高血圧：最大血圧が130mmHg未満、最小血圧が85mmHg未満を正常血圧と呼び、この値を両方あるいは一方で上回れば高血圧という。なお、低血圧は最大血圧が100mmHg以下、最小血圧が60mmHg以下の状態を指す。

骨粗しょう症：骨量が減り、骨がもろくなる病気。原因は、骨を壊す「骨吸収」の速度が骨を造る「骨形成」の速度を上回ることで骨の量が減ってしまうこと。高齢者では、骨折の危険性が高まり、骨折から寝たきりへとつながる恐れがある。

さ

酸素飽和度：パルスオキシメーターなどを使用して測定される血液中の酸素量（SpO2）のこと。個人差はあるが、96〜100%が「正常」、91〜95%が「やや正常」、90%以下が「異常」とされている。

脂質異常症：血清コレステロールや血清トリグリセライドの高値を指す「高脂血症」とHDL（善玉コレステロール）の低値を指す「低HDL血症」を総称した病名。動脈硬化性疾患の予防のために治療を行う。

心疾患：心臓の疾患の総称で、心臓病とも呼ばれる。狭心症、心筋梗塞、心不全、心内膜炎、心膜炎、心臓弁膜症、不整脈、心肥大など。このほか、心房／心室中核欠損などの先天性心疾患もある。

生活習慣病：普段の生活習慣のなかで生じる偏食、運動不足、喫煙、ストレスなどに起因して起こる疾病。代表的なものは、高血圧、糖尿病、肥満、脂質異常症。

せん妄：急性の脳障害などの疾患が原因となって引き起こされる軽度の意識障害のこと。せん妄は、認知症と似ているので間違われることもあるが、本質的に異なる病気である。

た

帯状疱疹（たいじょうほうしん）：体の片側に帯状の赤みや水ぶくれが起こりピリピリした痛みを伴うのが特徴の病気。「水ぼうそう」のウイルスが原因で起こる。患者の約70%は50歳以上。

腸閉塞（イレウス）（へいそく）：飲食物が通過する腸管のどこかが塞がって食べ物や消化液の流れが小腸や大腸で滞った状態。吐き気や嘔吐を伴う腹痛が現れるケースが多い。

149

痛風（高尿酸血症）：尿酸が関節のなかで固まって結晶になることで関節炎などの炎症を引き起こす病気。関節の強い痛みを伴うことが多い。尿酸値を下げる食事療法が効果的。

低血糖：血液中のブドウ糖濃度が低くなりすぎた状態を指す。主な原因は、インスリンの過剰投与、食事摂取量の不足、下痢や嘔吐の持続、激しい運動、アルコール過飲など。

適応障害：家庭、学校、職場、病院、入所施設などで受けた何らかのストレスによって精神面や行動面に混乱が起こった状態。ストレスとなる状況や出来事を解明してその原因を解消することで、症状は改善する。

糖尿病（高血糖症）：血液中の糖質(血糖)を調節するインスリン（膵臓から分泌されホルモン）が不足したり作用が不十分であったりすることで、血糖値が継続的に高い状態になることを特徴とする病気。

特定疾病：心身の病的加齢現象と医学的関係があると考えられる疾病。がん（末期）、関節リウマチ、筋萎縮性側索硬化症、後縦靱帯骨化症、骨折を伴う骨粗しょう症、初老期における認知症など。

な

認知症：何らかの原因で脳の細胞が死んでしまったり、働きが悪くなったりしたためにさまざまな障害が起こり、生活する上で支障が出ている状態（およそ6ヵ月以上継続）を指す。認知症には多くの種類があるが、代表的なのは「アルツハイマー型」、「脳血管性」、「レビー小体型」の3つ。

脳梗塞：脳の血管が詰まって、その先の組織細胞に栄養が届かなくなって細胞が壊死する病気。梗塞が発生した部位によって、運動機能の低下、言語障害といったさまざまな症状が起こる。

脳出血：脳内の血管が破れて脳の内部に出血した状態を指す。その結果、運動麻痺、意識障害、感覚障害などが起こる。重篤な場合は、脳幹部が圧迫されて死に至る。

は

パーキンソン病：主に40〜50歳以降に発症し徐々に進行していく神経変性疾患。神経伝達物質の1つであるドーパミンが減少することで起こると考えられている。主な症状は、「手足が震える（振戦）」、「筋肉が硬くなる」、「動きが遅くなる」など。

廃用症候群：身体の一部を使わなくなったこと（廃用）によって生じる心身機能の低下を指す。廃用症候群によって生じる症状には、運動器障害（筋萎縮、筋力低下など）、循環器障害（浮腫、褥瘡など）、自律神経障害（尿失禁、大便失禁など）などがある。

白内障：眼の奥に位置する水晶体（焦点を合わせるレンズの役目をする部分）が白く濁る病気。雲がかかったようにぼやけて見えたり、眩しくなったり、像が二重に見えたりする。

ピック病（前頭側頭型認知症）：初老期認知症の代表疾患の1つで、40～50歳代に発症のピークがあり、平均発症年齢は49歳である。特徴的な症状は、自制力低下（粗暴、短絡など）、感情鈍麻、異常行動（浪費、過食・異食、窃盗、徘徊（はいかい）など）。

不整脈：通常は一定間隔である心臓の拍動が何らかの原因によって乱れた状態。拍動のリズムが不規則な状態、拍動が早すぎる状態（頻脈）、遅すぎる状態（徐脈）の3種類がある。体質的なものと、心臓病が関係し治療が必要なものがある。

不眠症：入眠障害、中途覚醒（かくせい）、早朝覚醒などが1ヵ月以上続き、倦怠感（けんたい）、意欲低下、集中力低下、食欲不振などを引き起こす状態。原因は、ストレス、身心の病気、薬の副作用など。

ヘルニア：臓器や骨などが本来あるべき部位から脱出した状態を指す。代表的なものは、椎間板ヘルニア（ついかんばん）（椎間板の一部が椎間腔（ついかんこう）からはみ出した状態）と鼠径ヘルニア（そけい）（腹膜や腸の一部が鼠径部の筋膜の間から皮膚の下にはみ出した状態）。鼠径ヘルニアは脱腸とも呼ばれる。

発疹（ほっしん）：皮膚の表面に現れて、目で見て手で触ることができる病変のこと。局所の刺激によって生じる場合と全身性疾患の部分症状（はいかい）として現れる場合がある。「はっしん」とも言う。

発赤（ほっせき）：皮膚や粘膜の一部が充血して赤くなること。直接的な原因は、毛細血管の一時的な充血や拡張。

ら

リウマチ：関節や関節の周囲の骨、腱（けん）、筋肉などに痛みが起こる疾患の総称であり、炎症性自己免疫疾患の一種。関節が腫（は）れて、伸ばしたり曲げたりすることが困難になる。

緑内障：眼圧の上昇などによって視神経が圧迫され、視野が狭くなったり部分的に見えなくなったりする病気。眼圧が正常でも視神経がその圧力に耐えられずに障害が起こるケースもある。

A to Z

ALS（Amyotrophic Lateral Sclerosis：筋萎縮性（きんいしゅく）側索硬化症（そくさく））：脳や末梢神経からの命令を筋肉に伝える運動ニューロン（運動神経細胞）に障害が起こる病気で、手足、のど、舌などの筋肉や呼吸に必要な筋肉が次第に衰えていく。

BP（Blood Pressure：血圧）：血液が血管内を流れるとき、血管の壁を押し広げようとする力。

BPSD（Behavioral and Psychological Symptoms of Dementia：認知症の行動と心理症状）：認知症に伴う徘徊、不潔行為、異食、妄想といった問題行動や心理症状のこと。

COPD（Chronic Obstructive Pulmonary Disease：慢性閉塞性肺疾患（へいそく））：気管支や肺胞（肺のなかにあり酸素をとり込む場所）に炎症が起こる病気。「慢性気管支炎」と「肺気腫（きしゅ）」を総称する病名。

長年の喫煙習慣が原因で発症し、呼吸機能が徐々に低下していく。

HbA1c（Hemoglobin A1c：ヘモグロビンエーワンシー）：赤血球のタンパクであるヘモグロビン（Hb）とブドウ糖が結合したグリコヘモグロビンの一種で、糖尿病と密接な関係を有するもの。検査日前の1～2ヵ月間の血糖の状態が推定できるため、HbA1c値は糖尿病の判定指標の1つとして用いられる。

ICU（Intensive Care Unit：集中治療室）：緊急性のある患者や重篤な患者に24時間体制で高度な医療・看護を施すことを目的とした病院内の治療施設のこと。

MRSA（Methicillin-resistant Staphylococcus Aureus：メチシリン耐性黄色ブドウ球菌）：メチシリンという抗生物質に対する耐性を獲得した黄色ブドウ球菌のことだが、実際には、多くの抗生物質に対する耐性（多剤耐性）を示す。院内感染の代表的な起炎菌。感染予防には手洗いや手指消毒が有効。

VRE（Vancomycin-resistant Enterococcus：バンコマイシン耐性腸球菌）：バンコマイシンという抗生物質（MRSAの治療に用いられる）に対し耐性を獲得した腸球菌のこと。感染予防には手洗いや手指消毒が有効。

高齢者医療でよく使われる医薬品

あ

オピオイド鎮痛薬：体内のオピオイド受容体に結合することにより鎮痛効果を発揮する薬。硫酸モルヒネ、塩酸モルヒネ、オキシコドン、フェンタニル、コデインなどの種類がある。

か

顆粒剤：剤形の一種で、散剤（粉薬）に比べると粒が粗く一定の大きさの粒にそろえてある内服薬のこと。

吸入薬：薬を霧状に噴出させ、口から吸い込み気管支や肺に作用させる薬剤。気管支や肺の治療用が主だが、風邪による喉の炎症の鎮静用やインフルエンザの治療用としても使われる。

血圧降下薬：高血圧患者の血圧を下げる薬で、抗高血圧薬、降圧薬などとも呼ばれる。カルシウム拮抗薬、利尿薬、ACE阻害薬、β遮断薬、アンギオテンシンⅡ受容体拮抗薬、α遮断薬の6種類があり、複合薬が使われる場合もある。

解熱鎮痛薬：脳の体温調整中枢に作用して発熱を抑えたり、皮膚の血管を拡張させて放熱を促進したり、痛覚神経に作用して興奮を抑えることで痛みを緩和したりする効果がある薬。代表的な成分は、アスピリン、アセトアミノフェン、イブプロフェン、カフェインなど。

抗うつ薬：落ち込んだ気持ちや死にたいと思う気持ちが継続している状態（うつ症状）の改善に用いられる薬。化学構造と作用機序によって、三環系、四環系、SSRI、SNRI、NaSSA と呼ばれる5つのグループに分類される。

向精神薬：脳など中枢神経に作用して精神症状の改善に効果をもたらす薬の総称。抗精神病薬、抗うつ薬、抗不安薬、気分安定薬、睡眠薬などに分類される。

抗生物質（抗生剤）：細菌などの微生物によって作られ、自分以外の微生物の発育を阻止する作用のある物質のこと。代表的な抗生物質は、アオカビから作られるペニシリン。ウイルスは微生物ではないため、ウイルスに効く抗生物質はない。

さ

座薬：体温や分泌液で解ける性質のカプセルに入った薬剤を肛門、膣、または尿道から挿入し、粘膜から吸収させる固形の外用薬。代表的なのは、肛門に入れる解熱鎮痛薬。

散剤：剤形の一種で、粉末状の内服薬のこと。

ジェネリック医薬品：先発医薬品の特許が切れたあとに別の医薬品メーカーが製造・販売する後発医薬品のことで、厚生労働省から「先発医薬品と同じ有効成分を同量含んでおり、先発医薬品と同等の効能や効果が得られる」と認められたもの。

た

糖尿病薬：糖尿病（高血糖症）の症状を改善する経口治療薬には、スルフォニル尿素薬、ビグアナイド薬、α‐グルコシダーゼ阻害薬、速効型インスリン分泌促進薬、チアゾリジン薬、DPP-4 阻害薬がある。また、注射薬として各種のインスリン製剤が用いられる。

頓服薬：内服薬の一種で、発作時や症状のひどいときに用いる薬。解熱薬、鎮痛薬、下剤、睡眠薬、狭心症発作を抑える薬などがある。

ま

モルヒネ：末期がんなどの強い痛みを緩和するために使われる代表的な鎮痛薬で、オピオイド鎮痛薬の一種。硫酸モルヒネと塩酸モルヒネの2種類がある。

高齢者介護・医療でよく使われる医療・看護ツール

か

カテーテル：通常は、心臓や血管の病気の検査や治療のために血管中に挿入する管を指すが、尿が出にくいときや全身麻酔中の排尿のために尿道に挿入する管を指す場合もある。

カニューレ：体腔内や血管内に挿入して薬液を注入したり体液を排出したりするため、また気管切開の際の空気の通路とするために用いる管状の医療器具。

ギャッチベッド：上半分または下半分が自由に上げ下げできるベッド。手動または電動で容易に上げ下げできるのが特徴。自分で起き上がることができない障害者や高齢者、呼吸器疾患のある患者などに用いる。

ケリーパッド：ゴム製の用具で、寝たままで洗髪する際に頭をパッドのなかに入れると洗髪後の汚水が一方向に流れるように工夫された介助用具。

コミュニケーションエイド（会話支援機器）：言語障害者の意思伝達の支援手段として用いる機器や用具のこと。会話補助装置、コミュニケーションボード、コンピューターを利用する意思伝達補助装置などさまざまな種類がある。

さ

シルバーカー（歩行補助車）：歩行を補助するための手押し車の通称。ショッピングカーの荷物入れの部分が椅子のようになっているもので、そのスペースに荷物を置くことができ、疲れた場合の腰かけにもなる。

スライディングシート：ベッドの上で利用者の体の下に入れて体の向きや位置を変えるために使う介助用具。

スライディングボード：ベッドから車椅子、車椅子からベッド、車椅子から車に利用者を移すために使う介助用具。表面は滑りやすくなっており、裏面には滑り止めの加工が施されている。

た

特殊浴槽：歩行が困難な人や重度の障害者が負担なく入浴できるよう設計された浴槽。障害の程度に応じて座位式や臥床式（がしょうしき）がある。最近は、座位式と臥床式への可変機能を備えたものもある。

は

バスグリップ：浴槽にとりつける手すりのこと。浴槽に入るときは上部につけた手すりにつかまり、浴槽から立ち上がるときは内部側面につけた手すりにつかまるようにするなど、複数のグリップをとりつけると便利。

バスボード：浴槽の縁をまたいで出入りする際にいったん腰をかけるための移乗用の板。浴槽上部の両端にかけて置く。

パルスオキシメーター：プローブ（測定用素子）を指先などにつけて脈拍数と動脈血の酸素飽和度（SpO_2）を測定する医療機器。

ポータブルトイレ：ベッドから離れてトイレまで行くことが困難な人のために、主に寝室で使用する携帯型便器。

歩行器：自力での歩行が困難な人の歩行を補助するための介助器具。病院や介護施設の廊下やホールなどのように段差が少なく広いスペースで、主にリハビリテーションや歩行訓練などのために使用される。

補装具：体の一部が欠損した場合や一部の機能が損なわれた場合にそれを補完・代替するために体に装着して継続的に使用する用具。義手、義足、補聴器などの総称。

ら

リハビリパンツ：下着のパンツのようにはくことができ、自分で上げ下げできる使い捨ての紙パンツ（おむつ）のこと。歩行可能な人の失禁をフォローするために使用することが多い。

リフトバス：車椅子に乗った人がそのまま乗降できるように昇降機を備えたバスのこと。

高齢者医療に関係する医療・看護行為

あ

胃ろう術（PEG（ペグ）：経皮内視鏡的胃ろう造設術）：内視鏡を使って腹部に小さな穴（胃ろう）を造る手術のことで、口から食事のとれない人などのために胃に直接食物を入れる栄養供給の手段。

か

緩和ケア：長期的かつ重篤な疾患の患者とその家族に対して、痛み、身体的な問題、精神的な問題などを把握・分析し、問題の軽減・解消の手助けをすることにより、生活の質（QOL）を改善する総合的なケアのこと。

吸入：吸気を利用して種々の薬剤等を気道に送ること。吸入器（スプレーやネブライザーなど）を用いて噴霧状にした蒸気や薬液を吸入して肺や気管の患部に投与するための方法。

さ

人工透析：腎臓の機能を人工的に代替する医療行為。血液を体外にとり出して線維膜により透析する血液透析が主流だが、透析膜として患者自身の腹膜を利用する腹膜透析や汚れた血漿を除去してとり替える血漿交換など、さまざまな方法がある。

身体拘束：障害者施設、介護施設、病院などで、障害者、認知症の高齢者、患者などを、治療・看護・介護に支障があることを理由に、ひもや抑制帯などでベッドや車椅子に拘束すること。正当な理由がない身体拘束は、虐待と見なされる。

ストーマ（人工排泄口）：消化管や尿路の疾患などによって肛門や尿道から排泄できなくなった場合に、便または尿を体外に出すために腹部に作られた排泄口のこと。消化管ストーマと尿路ストーマの2種類があり、消化管ストーマは人工肛門、尿路ストーマは人工膀胱とも呼ばれる。

た

ターミナルケア（終末期ケア）：治癒の可能性のない終末期患者に対する身体・精神の両面を包括的にケアする医療や介護。身体の苦痛や死への恐怖を和らげ、残された人生を充実させることを重視する。

痰吸引：気道内・気管内に溜まった痰などの分泌物がきちんと排出されない場合などに、細い管をつないだカテーテルという吸引装置を使って痰を吸い出す医療行為。気道内吸引と気管内吸引の2種類がある。

摘便：肛門・直腸内に手指を入れて便を摘出する医療行為。直腸内に便がたまり、自然排便や浣腸での排便ができないときに行う。

導尿：膀胱に溜まった尿を体外へと導いて排出すること。外尿道口から導尿カテーテルを膀胱内へ挿入することによって行う。

は

鼻腔栄養：嚥下障害などの理由で口からの飲食物を摂取できない人や経口摂取では気管から肺に飲食物が入って肺炎になりやすい人が、鼻から栄養チューブを胃または腸に挿入して栄養を供給する方法。

ら

理学療法：病気、ケガ、加齢などによって運動機能が低下した人に対して、運動、マッサージ、温熱刺激、電気刺激などの物理的手段を用いて運動機能の維持・改善を図る治療法。

リハビリテーション：病気、ケガ、加齢などによって障害を負った人が、元どおりの生活または元どおりに近い生活を送るための訓練・治療を行うこと。一般的には、ケガや病気から身体機能回復のために施される作業療法や理学療法による医学的リハビリテーションを指すことが多いが、教育的、職業的、社会的リハビリテーションも重要である。

A to Z

IVH（Intravenous Hyperalimentation：中心静脈栄養）：細いカテーテルを心臓近くの上大静脈（中心静脈の1つ）に挿入し、点滴により高カロリー溶液を注入して栄養を摂取する方法。手術後や消化器疾患などによって必要な栄養量を経口摂取できない人が対象となる。

PEG（Percutaneous Endoscopic Gastrostomy：胃ろう術）：P155「胃ろう術」を参照。PEGはペグと呼ばれている。

介護および介護記録に関連する法律・省令・ガイドライン

ここでは、介護記録の作成に関係する介護関連の法規や基準を紹介します。法令やガイドラインの内容はわかりにくいので、詳しく読む必要はありません。介護サービス事業者に介護記録類を整備・保管する義務と、サービス利用者とその家族の個人情報を適性に管理する義務があることを把握しておけば十分です。

◆法律・省令のなかで介護記録に言及している部分

『介護保険法』と「平成11年厚生省令第37号」(『介護保険法』に基づいて各種の介護サービス提供施設の運営および介護サービスの内容を詳細に規定した省令)のなかで介護記録に言及している部分を抜粋して、以下に記載します。

『介護保険法』

- **第二十四条**
  厚生労働大臣又は都道府県知事は、介護給付等(居宅介護住宅改修費の支給及び介護予防住宅改修費の支給を除く。次項及び第二百八条において同じ。)に関して必要があると認めるときは、居宅サービス等を行った者又はこれを使用する者に対し、その行った居宅サービス等に関し、報告若しくは当該居宅サービス等の提供の記録、帳簿書類その他の物件の提示を命じ、又は当該職員に質問させることができる。

『指定居宅サービス等の事業の人員、設備及び運営に関する基準』
(平成11年厚生省令第37号)

- **第十九条**
  指定訪問介護事業者は、指定訪問介護を提供した際には、当該指定訪問介護の提供日及び内容、当該指定訪問介護について法第四十一条第六項の規定により利用者に代わって支払を受ける居宅介護サービス費の額その他必要な事項を、利用者の居宅サービス計画を記載した書面又はこれに準ずる書面に記載しなければならない。
  2　指定訪問介護事業者は、指定訪問介護を提供した際には、提供した具体的なサービスの内容等を記録するとともに、利用者からの申出があった場合には、文書の交付その他適切な方法により、その情報を利用者に対して提供しなければならない。

- **第三十九条**
  指定訪問介護事業者は、従業者、設備、備品及び会計に関する諸記録を整備しておかなければならない。
  2　指定訪問介護事業者は、利用者に対する指定訪問介護の提供に関する次の各号に掲げる記録を整備し、その完結の日から二年間保存しなければならない。
  　一　訪問介護計画
  　二　第十九条第二項に規定する提供した具体的なサービスの内容等の記録
  　三　第二十六条に規定する市町村への通知に係る記録
  　四　第三十六条第二項に規定する苦情の内容等の記録
  　五　第三十七条第二項に規定する事故の状況及び事故に際して採った処置についての記録

- **第百四条の二**
  指定通所介護事業者は、従業者、設備、備品及び会計に関する諸記録を整備しておかなければならない。
  2　指定通所介護事業者は、利用者に対する指定通所介護の提供に関する次の各号に掲げる記録を整備し、そ

の完結の日から二年間保存しなければならない。
一　通所介護計画
二　次条において準用する第十九条第二項に規定する提供した具体的なサービスの内容等の記録
三　次条において準用する第二十六条に規定する市町村への通知に係る記録
四　次条において準用する第三十六条第二項に規定する苦情の内容等の記録
五　次条において準用する第三十七条第二項に規定する事故の状況及び事故に際して採った処置についての記録

- 第百三十九条の二
　指定短期入所生活介護事業者は、従業者、設備、備品及び会計に関する諸記録を整備しておかなければならない。
　2　指定短期入所生活介護事業者は、利用者に対する指定短期入所生活介護の提供に関する次の各号に掲げる記録を整備し、その完結の日から二年間保存しなければならない。
一　短期入所生活介護計画
二　次条において準用する第十九条第二項に規定する提供した具体的なサービスの内容等の記録
三　第百二十八条第五項に規定する身体的拘束等の態様及び時間、その際の利用者の心身の状況並びに緊急やむを得ない理由の記録
四　次条において準用する第二十六条に規定する市町村への通知に係る記録
五　次条において準用する第三十六条第二項に規定する苦情の内容等の記録
六　次条において準用する第三十七条第二項に規定する事故の状況及び事故に際して採った処置についての記録

- 第百八十一条
　指定特定施設入居者生活介護事業者は、指定特定施設入居者生活介護の開始に際しては、当該開始の年月日及び入居している指定特定施設の名称を、指定特定施設入居者生活介護の終了に際しては、当該終了の年月日を、利用者の被保険者証に記載しなければならない。
　2　指定特定施設入居者生活介護事業者は、指定特定施設入居者生活介護を提供した際には、提供した具体的なサービスの内容等を記録しなければならない。

- 第百九十一条の三
　指定特定施設入居者生活介護事業者は、従業者、設備、備品及び会計に関する諸記録を整備しておかなければならない。
　2　指定特定施設入居者生活介護事業者は、利用者に対する指定特定施設入居者生活介護の提供に関する次の各号に掲げる記録を整備し、その完結の日から二年間保存しなければならない。
一　特定施設サービス計画
二　第百八十一条第二項に規定する提供した具体的なサービスの内容等の記録
三　第百八十三条第五項に規定する身体的拘束等の態様及び時間、その際の利用者の心身の状況並びに緊急やむを得ない理由の記録
四　第百九十条第三項に規定する結果等の記録
五　次条において準用する第二十六条に規定する市町村への通知に係る記録
六　次条において準用する第三十六条第二項に規定する苦情の内容等の記録
七　次条において準用する第三十七条第二項に規定する事故の状況及び事故に際して採った処置についての記録
八　施行規則第六十四条第三号 に規定する書類

※このほか、指定訪問入浴介護事業者、指定訪問看護事業者、指定訪問リハビリテーション事業者、指定居宅療養管理指導事業者、指定療養通所介護事業者、指定通所リハビリテーション事業者、指定短期入所療養介護事業者、外部サービス利用型指定特定施設入居者生活介護事業者、指定福祉用具貸与事業者、指定特定福祉用具販売事業者についても、記録の整備に関する同様の記述がありますので、必要に応じて厚生労働省のホームページをご覧ください。

◆介護サービス利用者の個人情報保護に関連する法令やガイドライン

介護サービスを提供する事業者と施設の従業員は、介護サービス利用者の個人情報の扱いについて、法律的な責任と社会的な責任の両方を果たす必要があります。介護サービス利用者の個人情報保護に言及している法令やガイドラインを以下に示しておきます。

『指定居宅サービス等の事業の人員、設備及び運営に関する基準』（平成 11 年厚生省令第 37 号）

- 第三十三条
  指定訪問介護事業所の従業者は、正当な理由がなく、その業務上知り得た利用者又はその家族の秘密を漏らしてはならない。
  2 　指定訪問介護事業者は、当該指定訪問介護事業所の従業者であった者が、正当な理由がなく、その業務上知り得た利用者又はその家族の秘密を漏らすことがないよう、必要な措置を講じなければならない。
  3 　指定訪問介護事業者は、サービス担当者会議等において、利用者の個人情報を用いる場合は利用者の同意を、利用者の家族の個人情報を用いる場合は当該家族の同意を、あらかじめ文書により得ておかなければならない。

『医療・介護関係事業者における個人情報の適切な取扱いのためのガイドライン』

これは、平成 16 年 12 月 24 日に厚生労働省が発表したガイドラインであり、介護関係の事業者がサービス利用者やその家族の個人情報を取り扱う場合の指針となるものです。詳細については、下記アドレスの PDF ファイルを参照してください。
http://www.mhlw.go.jp/shingi/2004/12/dl/s1224-11a.pdf

『「医療・介護関係事業者における個人情報の適切な取扱いのためのガイドライン」に関するQ&A（事例集）』

これは、平成 17 年 3 月に厚生労働省が作成した Q&A の改訂版（平成 25 年 4 月リリース）です。詳細については、下記アドレスの PDF ファイルを参照してください。
http://www.mhlw.go.jp/topics/bukyoku/seisaku/kojin/dl/170805iryou-kaigoqa.pdf

『介護サービス利用契約書（介護事業者とサービス利用者が交わす契約書）』

介護事業者は、サービス利用者と、サービス開始前に利用契約を結ぶ必要があります。そして、その契約書には、必ず「秘密保持」の条項が含まれており、介護事業者はその条項を遵守しなければなりません。次に示すのは、介護サービスの利用契約書に盛り込まれる「機密保持」の条項の記載例です。
※この条項の乙は介護事業者を、甲はサービス利用者を指しています。

利用契約書の秘密保持条項の例

1. 乙および乙の職員は、正当な理由がない限り、業務上知り得た甲または甲の家族の秘密を、第三者に漏らしません。
2. 乙は、甲の個人情報を用いる場合は文書で甲の同意を得ない限り、また甲の家族の個人情報を用いる場合は文書で該当する甲の家族の同意を得ない限り、サービス担当者会議等において、甲または甲の家族の個人情報を用いません。
3. 乙は、乙の職員が退職した場合には、当該職員が在職中に知り得た甲または甲の家族の秘密を漏らさないように必要な措置を講じます。
4. 上記 3 項は、この利用契約の終了後も有効とします。

[著者プロフィール]

浅岡雅子（あさおか・まさこ）
1953年、東京生まれ。早稲田大学教育学部（教育心理学）卒業。企業に勤務したのち、フリーランスのライター・編集者となる。先端技術の解説記事、探訪記事など、多様な執筆を経験したのち、1993年からは医学系ライターとして大学病院の専門医を中心に300名以上の医療関係者に取材を行い医療専門誌や一般誌に多数の記事を執筆。2004年から介護分野や高齢者医療の取材・執筆も行なっている。

装　丁	原てるみ、星野愛弓（mill design studio）
カバーイラスト	江田ななえ　http://nanae.or.tv
本文イラスト	フクモトミホ
本文DTP	平野直子（株式会社 デザインキューブ）

Special Thanks !
取材にご協力いただいた、
特別養護老人ホーム・みどりの風の奈佐宗男さんと、
ケアマネジャーの寺田清香さん、ありがとうございました。

現場で使える 介護記録便利帖〈書き方・文例集〉

2014年9月4日　初版第1刷発行

著　　者	浅岡 雅子
発行人	佐々木 幹夫
発行所	株式会社 翔泳社（http://www.shoeisha.co.jp）
印刷・製本	株式会社 シナノ

©2014 Masako Asaoka

本書は著作権上の保護を受けています。本書の一部または全部について（ソフトウェアおよびプログラムを含む）、株式会社 翔泳社から文書による快諾を得ずに、いかなる方法においても無断で複写、複製することは禁じられています。

本書へのお問い合わせについては、002ページに記載の内容をお読みください。

造本には細心の注意を払っておりますが、万一、乱丁（ページの順序違い）や落丁（ページの抜け）がございましたら、お取り替えいたします。03-5362-3705までご連絡ください。

ISBN978-4-7981-3688-2　　　　　　　　　　　　　　　Printed in Japan